매력은 습관이다

매력은 습관이다

이케하라 마사코 지음 | 이주희 옮김

동양북스

일러두기

참고 문헌 중 국내에 번역서가 나와 있는 경우에는 번역서의 이름으로 표기했으며 원문으로 표기된 경우
는 아직 번역 출간되지 않은 것입니다.

왠지 끌리는 사람에게는
사랑할 수밖에 없는 빈틈이 있다.

_ 본문 중에서

차례

must have 1

∞

경력

"어떻게 하면 원하는 일을 할 수 있을까?"

must have 2

∞

매력

"왜 자꾸 끌리는 걸까?"

must have 3

∞

외모

"좋아 보일수록 나의 가치는 높아진다"

must have 4

∞

몸짓

"몸짓만 바꿔도 관계가 좋아진다"

must have 5
∞
아우라

"가만히 있어도 사람이 따른다"

must have 6
∞
습관

"비호감에서 호감으로 거듭나는 방법"

매력은 타고나는 게 아니라
만들어지는 것이다

치명적 약점은 치명적 매력이 된다

◇◇◇◇◇◇◇

지금 이 책을 손에 든 당신은 아마도 이런 바람을 가지고 있을 겁니다.

'좀 더 매력적인 사람이 되고 싶다.'

이렇게 자신의 마음에 솔직해질 때 인간은 비로소 크게 성장할 수 있습니다. 다시 말해 자신을 바꿔야 할 때가 다가온 것이죠. 매력적인 사람이 되고 싶은 이유는 사람마다 다를 겁니다. 다음 항목 중에 한 가지라도 해당된다면 꼭 이 책을 읽어보길 바랍니다.

☐ 자신감을 갖고 나다운 인생을 살고 싶다.

☐ 열심히 하고 싶은데 무엇을 해야 할지 모르겠다.

☐ 노력하고 있는데 좀처럼 타인에게 인정받지 못한다.

☐ 주변에 뛰어난 사람들만 있는 것 같아서 초조하다.

☐ 나의 장점이나 강점을 몰라 발휘하지 못하고 있다.

☐ 행동할 용기가 없어서 시작도 못하고 있다.

☐ 바뀌고 싶은데 바뀌지 못하고 있다.

☐ 내 삶의 방식이나 커리어에 답답함을 느끼고 있다.

☐ 나에게는 '아무것도 없다'는 생각이 든다.

☐ 일과 사생활, 모든 것에 지쳐 있다.

☐ 주변 사람들이 나를 응원하도록 해 큰 목표를 달성하고 싶다.

☐ 다른 사람들이 자신감과 매력을 발휘할 수 있도록 도와주고 싶다.

이런 생각을 하고 있는 사람은 아주 작은 계기만 있다면 지금보다 훨씬 매력적인 사람이 될 수 있습니다. 이 책은 그런 사람들을 위해 쓴 것입니다.

사람은 누구나 콤플렉스를 가지고 있습니다. 그리고 대부분의 사람들이 콤플렉스를 약점이라고 생각하죠. 그러나 그 약점이야말로 당신을 강하게 만들 필수 항목입니다. 즉 당신의 강점이 되는 것이죠. 자신의 콤플렉스가 무엇인지 아는 사람은 자신의 약점을 제대로 알고 있는 사람입니다. '남이 나를 어떻게 보는지', '내가 남에게 어떻게 보이고 싶은지'를 이미 이해하고 있다는 뜻이죠.

그렇다면 이제 어떻게 해야 할까요? 자신의 약점을 강점으로 바꾸어야 합니다. 이 책에서 소개하는 다양한 방법을 통해 자신의 약점을 바라보는 시각을 바꾸고, 누구에게도 지지 않을 강점으로 만들어보세요.

지금까지 콤플렉스라 착각하고 있던 점이 사실은 '당신만의 매력'이고 가장 큰 강점이 될 수 있다는 걸 알았을 때, 진정으로 인생이 바뀝니다. 그만큼 '매력'에는 특별한 힘이 있습니다.

그런 매력을 일뿐 아니라 사생활에서도 십분 활용하면 나답게 살아갈 수 있습니다. 자신이 가진 매력을 무기 삼아 원하는 삶을 얻는 방법을 이 책에 담았습니다. 제가 이 책을 쓰게 된 계기는 다음과 같습니다.

나에게 어울리는 매력은 따로 있다

◇◇◇◇◇◇◇◇

사실 매력에 관한 책은 아주 많습니다. 매력적인 사람이 되길 원하는 여성을 도와주기 위해 미용과 다이어트, 매너와 비즈니스 등 각 분야의 전문가가 쓴 책이 넘쳐납니다. 이른바 안내서라 부르는 것들이지요. 그런 책을 읽어보면 확실히 공감이 되는 점들이 많더군요.

그런데 실생활에 적용하는 건 꽤 어려웠습니다. 특별한 환경에서 자라 모두가 놀랄 정도로 성공한 저자의 조언은, 평범한 제 일상과는 꽤나 거리가 멀었기 때문이죠. 또한 화려하고 눈부셔서 동경하게 되는 인물이나 세상을 바꿀 기세로 열심히 일하는 전문직 여성 저자의 마인드는 너무나 긍정적이라 책을 다 읽기도 전에 지쳐버리기 일쑤였습니다. 연애 관련 책도 읽어봤지만 대부분 '남성의 시선에서 바라본 여성의 매력'을 다루고 있더군요. 그것은 제 성격과 맞지도 않을뿐더러 '결국 여자는 남자한테 애교를 부려야 한다는 건가?' 싶어 짜증이 났습니다.

'우리가 정말로 원하는 것은 좀 더 현실적인 일상을 살고 있는 여성을 위한 책이 아닐까?'

지금의 우리 한 사람 한 사람에게 어울리는 매력을 갖추는 방법을 알려줄 필요가 있다고 생각했습니다. 왜냐하면 현재 이렇게 우리가 우리로 존재하는 데에는 의미가 있기 때문입니다. 이 책을 통해 지금 우리가 갖고 있는 매력을 더욱 발전시키고 콤플렉스를 매력으로 바꿀 수 있다면 우리는 그야말로 무적이 될 것입니다.

매력이 삶의 방향을 바꾼다

제가 쓰고 싶었던 이야기는 원하는 이성을 만나거나 인간관계를 술술 풀리게 하는 것처럼 '누군가의 가치관' 위에 성립하는 매력만이 아닙니다. 자신의 힘으로 콤플렉스를 강점으로 바꾸고, 자신이 원하는 경력을 쌓고, 인생의 방향을 찾을 수 있는 힌트를 가득 담은 책을 쓰고 싶었습니다. 그런 책이 있다면 저처럼 고민하거나 괴로워하거나 노력하고 있는 수많은 사람에게 도움이 될 테니까요.

그런 열망으로 일하는 여성이 오늘부터 활용할 수 있는 스킬을 비롯하여, 멋진 매력을 가진 세계 일류의 사람들에게 배운 점 등을 담았습니다. 여성이 활약할 수 있는 환경을 만들고 여성 리더와 롤모델을 육성하는 데 힘쓰는 인사 담당자, 여성 부하를 키우기 위해 노력하는 각 기업의 상사들에게도 도움이 될 만한 내용입니다.

　이제 책을 넘겨가면서 매력에 대해 알아보고, 자신만의 매력을 만들어보세요. 나는 매력이 없다고 단정하며 땅이 꺼져라 한숨 쉬고 있다면 그런 걱정일랑 넣어두세요. 매력은 타고나지 않아도 충분히 배우고 연마할 수 있습니다. 어떻게 하냐고요? 방법은 아주 간단합니다. 매력을 습관으로 만들면 됩니다.

　앞으로의 인생을, 자신감을 갖고 당당하게 그리고 나답게 살아가기 위해서는 매력을 내 편으로 만들어야 합니다. 그때 비로소 삶의 기쁨을 맛볼 수 있습니다.

이케하라 마사코

이 책의 사용법

본문으로 들어가기 전에 이 책의 사용법을 알려드립니다. 다음의 체크리스트를 확인하면서 읽어주세요. 이미 할 수 있는 것, 앞으로 몰두해야 할 것을 체크하면서 마지막에 모든 사항을 채우는 것이 목표입니다. 한 번 이 책을 다 읽고 난 후에 다시 이 페이지로 돌아와서 체크해봐도 좋습니다.

체크리스트

51쪽에 '매력의 전체상'을 알기 쉽게 그린 그림이 있습니다.

'매력'은 'IQ, EQ, 공헌심'(매력의 토대)과 '외모, 몸짓, 아우라'(FQ: 매력지수)로 이루어져 있습니다. 자세한 내용은 앞으로 설명하겠지만, '매력의 토대'와 'FQ'로 나눠서 체크해주세요.

【 매력의 토대 】

다음은 매력의 기초라 할 수 있는 필수 조건입니다. 이것을 갖추고 있는지 파악해보세요.

♥ 매력의 토대

☐ 현재 경력에 필요한 전문성과 지식을 가지고 있는가.

☐ 필요한 상황에서 적절하게 감정 컨트롤을 할 수 있는가.

☐ 후배를 위해서 좋은 멘토나 코치가 될 마음이 있는가.

> ※멘토: 자기 자신의 경험, 그동안 쌓아온 업무 지식 등을 조언하는 사람.
>   코치: 상대방의 내면에 잠들어 있는 잠재 능력을 끌어내기 위해 그 사람과
>   함께 힘쓰는 사람.

【 FQ: 매력지수 】

직장인이 일에서 성과를 올리기 위해서는 꼭 갖추어야 할 필수 스킬이 있습니다. 바로 전문 지식이라 할 수 있는 IQ와 자신의 감정을 잘 인지하고 조절할 수 있는 능력을 뜻하는 EQ입니다. 지금까지는 이 두 가지가 강조되었지만 앞으로는 매력지수(FQ, Fascination Quotient)라는 또 하나의 스킬이 필요한 시대입니다.

우선 콤플렉스는 매력으로 바꿀 수 있다는 것을 알아야 합니다. 그리고 업무 성과와 충실한 사생활을 포기하지 않으면서 자신감 있게 살아가기 위해서는 매력지수를 높이는 것이 무엇보다 중요합니다.

♥ 외모

☐ 업계의 분위기에 맞는 패션(액세서리, 메이크업, 헤어스타일 등)을 이해하고
있다.

☐ 회사의 분위기에 맞는 패션을 이해하고 있다.

☐ 직무의 분위기에 맞는 패션을 이해하고 있다.

☐ 업계, 회사, 직무에 맞는 패션에 신경 쓰고 있다.

☐ 면접, 프레젠테이션, 외근 등 각각의 상황에 맞는 패션에 신경 쓰고 있다.

☐ 패션을 통해 주위에서 자신에 대해 어떤 이미지를 갖고 있는지를 이해하고
있다.

☐ 패션을 통해 자신의 생각과 비전이 주변에도 전해지고 있다.

☐ 취직, 승진, 이직, 복직 등 전직할 때마다 옷장과 메이크업을 점검하고 있다.

☐ 패션과 메이크업 등 외모에 대해 전문가나 친구의 의견을 들으려고 한다.

☐ 웃는 모습에 신경 쓰고 있다.

☐ 때로는 '웃지 않는 용기'도 갖고 있다.

♥ 몸짓

☐ 자신이 무의식적으로 어떤 몸짓을 하는지 잘 알고 있다.

☐ 직장에서 불쾌함이나 위압감을 주는 무의식적인 몸짓을 하지 않는지 늘 점
검하고 있다.

☐ 앞에서 말한 몸짓을 지적해주는 동료나 코치를 곁에 두고 있다.

☐ 직무나 상황에 따라서 어울리는 몸짓을 이해하고 실천할 수 있다.

☐ 면접이나 프레젠테이션 등을 준비할 때는 몸짓뿐 아니라 말투나 표정도 철
저히 연습한다.

☐ 적절한 아이콘택트를 할 수 있다.

☐ 좋은 자세를 유지하고 있다.

☐ 상대의 이야기를 들을 때에는 손동작을 멈춘다.

☐ 상대의 이야기를 들을 때 무릎은 상대방 쪽으로 향하고 있다.

☐ 상대의 이야기를 들을 때 적절히 맞장구치거나 추임새를 넣는다.

☐ 상황에 따라 알맞은 크기, 속도, 억양, 간격으로 이야기를 한다.

♥ 아우라

☐ 주변에 영향력을 줄 만한 위치에 있거나 지식을 가지고 있다.

☐ 불필요하게 사과하지 않는다.

☐ 상대의 시점과 입장에서 일을 생각하려고 한다.

☐ 자신이 옳다고만 주장하지 않으려고 노력한다.

☐ 어휘를 늘리려는 노력을 하고 있다.

☐ 평소에는 사람들을 배려하지만 필요할 때에는 엄격하게 지적할 줄도 안다.

☐ 유머를 중요하게 생각한다.

☐ 눈앞에 있는 사람에게 온전히 집중한다.

☐ 눈앞에 있는 사람이 중요한 존재라고 느끼게끔 만들 수 있다.

☐ 내 몸과 마음에 가장 신경을 쓰고 있다.

☐ 지나치게 자신을 희생하지 않는다.

☐ 식사, 휴식, 운동을 중요시한다.

☐ 내가 하고 싶은 일을 찾았다.

☐ 작은 일이라도 좋으니 행동하고 있다.

☐ 내가 좋아하는 것, 하고 싶은 일을 주변에 알리고 있다.

☐ 내 강점이 무엇인지 알고 있다.

☐ 주변의 가치관에 휘둘리지 않는다.

must have 1

∞

경력

"어떻게 하면 원하는 일을
할 수 있을까?"

매력이
스펙을 이긴다

왜 학력은 높아지고 한숨은 깊어질까?

◇◇◇◇◇◇◇◇

'하고 싶은 일이 있는데 시작을 못하겠어요.'

'제가 뭘 좋아하는지 모르겠어요.'

'경력을 한 단계 높이고 싶은데 그 방법을 모르겠어요.'

'회사에서 관리자로 일하고 있는데 그 역할을 제대로 못하고 있어요.'

저는 지금까지 수많은 여성이 경력을 쌓을 수 있도록 코치했습니다. 그런데 이야기를 들어보니 이런 고민이 90%를 차지하고 있너군요. 이들의 공통점은 '자신감이 없다'는 것이었습니다.

그들은 하나같이 아름답고 성실하며 일도 열심히 하는 사람들이었습니다. 설령 일을 그만두고 가정으로 돌아간 사람이라도 '어떻게든 경력을 성장시키고 싶다'며 이런저런 방법을 모색하는 등 향상심이 매우 강했습니다. 그 반면에 근본적으로 '괜찮아, 무슨 일이 있어도 나는 앞으로 나아갈 수 있어'라는 자신감이 없었습니다. 부족한 자신감을 채우려는 듯 굳이 필요하지도 않은 자격증을 따거나 목적 없이 MBA에 진학하기도 했죠. 자격증이나 MBA를 취득하는 것 자체가 나쁘다는 뜻은 아닙니다. 다만 확고한 꿈도 없이, 그저 공허함과 미래에 대한 불안감 때문에 값진 돈과 20대부터 40대까지의 귀한 시간을 낭비하는 게 아까울 따름입니다. 결국 수료한 후에도 '나는 무엇을 하고 싶었던 걸까?'라는 고민에 시달리며 더욱 깊은 공허감을 맛보거나, 배운 것을 활용하지 못한 채 그저 전직을 반복하는 '커리어 난민'이 되어버리고 맙니다. 그렇게 자기 자신을 잃어버리는 일이 실제로 대단히 많습니다.

매력이 경쟁력이다

◇◇◇◇◇◇◇◇

우리가 살아가고 있는 지금 이 사회는 많은 것들이 빠른 속도로 변화하고 있습니다. 일의 방식뿐 아니라 삶의 방식도 너무나 다양해졌습니다. 우리는 한 치 앞도 내다볼 수 없는 미래를 어떻게든 제 발로 걸어가야 합니다. 막연히 학교에 가거나 필요도 없는 자격증을 따는 등 보여주기식의 스펙을 쌓는다고 한들 변화에 제대로 적응할 수 없습니다.

그렇다면 발 빠르게 변화하는 시대에 우리가 갈고닦아야 할 것은 무엇일까요? 언제라도 살아남을 수 있다는 '자신감'과 그 것을 바탕으로 다른 사람과 잘 소통해 원하는 경력을 쟁취할 수 있는 '매력'입니다. 혹시 '나는 매력이 없다'고 걱정하고 있지는 않나요? 그런 걱정일랑 접어두세요. 외모와 행동 등을 바꾸는 것만으로도 매력은 만들 수 있으니까요.

그리고 매력을 제대로 발휘해야만 당신이 '원하는 경력'을 얻을 수도 있습니다. '애초에 내가 뭘 원하는지 모르겠다'고 생각하는 사람도 괜찮습니다. 이 책을 읽다 보면 당신이 '원하는 경력'을 알아차릴 수 있을 테니까요.

매력은 당신의 자본이 되어, 불확실하고 변화가 심한 이 시대에 당신의 경력을 발전시키는 원동력이 될 것입니다.

매력은
습관이다

타고나지 않아도 방법은 있다

◇◇◇◇◇◇◇◇

그렇다면 '매력'은 어디에서 배워야 할까요?

매력적인 사람일수록 유능하다고 인정받습니다. 예를 들어 '평범한 사람보다 매력 있는' 영업자는 다섯 배나 높은 실적을 올리고, 연구자는 논문 게재율이 높으며, 기업가는 자금 모으기가 쉽다고 합니다(C. Olivia Fox, 2013).

그만큼 매력은 현대 사회에서 중요하고 필요한 덕목입니다. 그런데 안타깝게도 우리는 매력에 대해 배울 기회가 거의 없습니다. '매력'이 있는 사람은 도대체 어디에서 그것을 배우는 걸까요? 혹시 타고나는 걸까요?

그렇지는 않습니다. 우연히 그것을 가르쳐준 사람이 곁에 있거나 자연스레 익힐 수 있는 환경에 있었던 것뿐이죠. 하지만 대부분의 사람들은 그렇지 못합니다.

뛰어난 인재를 키우기 위해 학교와 직장에서는 다양한 연수 프로그램을 개발하고 있습니다. 그 프로그램의 대다수가 업무에서 사용하는 전문적인 지식, 또는 원만한 관계를 유지하는 소통 능력과 관련되어 있더군요. 전자는 좌뇌의 기능을, 후자는 우뇌의 기능을 강조한 것입니다.

지적, 감성적 능력을 키우는 방법을 알려주는 데는 무던히도 힘쓰고 있는 반면에 '어떻게 하면 매력적인 사람이 될 수 있는지', '어떻게 하면 존재감을 드러내고 주위 사람에게 도움을 받을 수 있는지'를 알려주는 경우는 거의 없습니다. 매력을 자본으로 충분히 활용할 수 있는데도 불구하고, 비즈니스에서는 그것을 하찮게 여기거나 매력을 체계화한 프로그램도 드물기 때문이죠.

지금까지 조직에서는 성과가 뛰어나고, 감정 컨트롤을 잘하는 인재를 키우는 데 집중했습니다만, 이제 그것만으로는 부족합니다. 현대 사회에서는 매력이 자본이자 중요한 경쟁 요소로 자리 잡았기 때문입니다.

따라서 학교와 조직에서는 '사람의 마음을 사로잡고, 상대방을 격려하고 용기를 북돋아주며, 내 편으로 만들 수 있는 매력적인 인재'를 육성해야 합니다.

왜 일하는 여성에게
매력이 필요할까?

지나친 겸손이 기회를 뺏는다

◇◇◇◇◇◇◇

'매력'은 누구에게나 필요합니다. 그렇지만 특히 여성들이 매력을 의식하고 갈고닦았으면 좋겠습니다.

저는 여성들을 코치하는 동안 한 가지 사실을 깨달았습니다. 바로 그들 대부분이 '노력이나 성과를 칭찬받으면 죄책감을 느끼고, 순수하게 기뻐하지 못하며, 자신의 성공을 주변 사람들에게 잘 알리지 못한다'는 점입니다. 이런 현상에 대한 자료 중 카네기 멜런 대학의 린다 배브콕 교수가 실시한 연구에 따르면 '월급을 인상해딜라'고 협상할 수 있는 여성은 남성의 4분의 1밖에 안 되며, 설령 협상에 성공했더라도 그 금액이 남성보다 30%나 적었다고 합니다. 또 로이스 P. 프란켈은 『착한 여자는 부자가 될 수 없다』에서 여성이 직장에서 하기 쉬운 행동으로 다음과 같은 것들을 꼽았습니다. '금방 사과한다', '주변을 너무 신경 쓴다', '다른 사람의 눈치를 본다', '자신의 업무와 지위를 비하한다', '칭찬받으면 죄책감을 느끼고 순수하게 받아들이지 못한다'.

이처럼 여성은 남성에 비해 자신을 낮추려는 경향이 있습니다. 그 결과 비즈니스에서 중요한 기회를 놓쳐버리고, 자신이 가진 실력보다 훨씬 낮은 평가를 받게 됩니다. 그렇기 때문에 일하는 여성은 앞으로 소개할 '매력'을 무기로 삼아야 합니다.

오해하기 쉽지만, 일에서 성공하기 위해 매력적으로 행동하는 것은 섹슈얼한 의미이거나 남자한테 애교를 떨어야 한다는 게 아닙니다. 오히려 그 반대입니다.

저는 여러 명의 여성 사회 기업가들과 '매력 모임'을 갖고 있습니다. 매력적인 사람이 되기 위해 미용, 패션, 매너와 자세 분야의 전문가를 초청해 함께 배우고 있죠. 이 모임에 참가한 여성들은 국내외의 빈곤과 교육 문제를 해결하기 위한 사회적 기업을 운영하고 있는 성실한 사람들입니다.

'그런 성실한 사람들이 왜 매력에 대해서 논할까?'

이렇게 생각하는 분들도 있을 테죠. 하지만 사람들의 참여를 이끌어내고 비전을 달성하기 위해서는 기업의 얼굴인 대표가 매력적이지 않으면 안 됩니다. 자신의 매력을 최대한 발휘해 존재감을 드러내고, 더 많은 사람에게 자신의 생각을 들려주어야 그만큼 도움을 구할 수 있고 사업을 확장할 수 있기 때문이죠. 그들의 목표는 단순한 사업 확장이 아니라 그것을 통해 더 나은 사회를 만드는 것입니다. 남자한테 애교를 떨거나 남의 비위를 맞추기 위해 매력을 키우는 게 아닙니다.

매력은 선택이 아니라 필수

◇◇◇◇◇◇◇◇

저는 대학 시절에 여러 사회 공헌 단체를 만났습니다. 그 단체들은 하나같이 훌륭한 활동을 하고 있었지만, 일반인들에게 어필하지 못해 '무슨 일을 하는지 모르겠다', '왠지 수상하다'는 부정적인 평가를 받았죠. 그 탓에 도움받을 기회를 놓쳐버리는 안타까운 일이 자주 벌어졌습니다. 그때 깨달은 바가 있습니다. 어떤 일을 하느냐, 즉 일의 내용도 중요하지만 그와 마찬가지로 타인에게 매력적으로 보이는 방법도 중요하다는 것이죠.

여성들 중에는 너무나 친절하고 우수한 사람이 많습니다. 그러나 자신감이 없고 스스로를 낮게 평가하기 때문에 제대로 실력 발휘를 못하는 경우가 많죠. 자기 생각을 타인에게 좀 더 능숙하게 어필한다면 더 많은 기회를 잡을 수 있지 않을까요? 저는 진심으로 그렇게 믿고 있습니다.

직장에서 매력을 발휘하는 것은 요즘 여성들에게는 엄청난 도전이기도 합니다. 지금까지는 성과를 과시하지 않고, 상대의 안색을 살피고 금방 사과하며, 남성을 치켜세우고, 소극적으로 행동하는 것이 '여성스러움'으로 평가되었기 때문이죠.

하지만 앞으로는 남성이든 여성이든 일과 가정을 양립하면서 계속할 수 있는 이상적인 경력을 손에 넣고, 회사에서 자신의 매력을 발휘해야 합니다. 이것이 한 치 앞을 알 수 없는 혼란한 세상을 살아가는 방법입니다. 따라서 현대인에게 매력은 '있으면 좋을' 법한 옵션이 아니라 필수 요소입니다. 그만큼 매력이 우리 삶에 지대한 영향을 끼치고 있는 것이죠.

매력은
자본이 된다

내 안에 잠든 매력 자산을 깨워라

◇◇◇◇◇◇◇◇

'보이지 않는 자산'을 갖고 있다는 말을 들어본 적이 있나요?

'자산'이라는 말을 들으면 대부분 돈과 관련된 것들을 떠올릴 겁니다. 그만큼 돈의 이미지가 강하기 때문이죠. 그러나 미시간 대학 경영 대학원의 매니지먼트 시리즈 중 웨인 베이커가 쓴『소셜 캐피털: 사람과 조직 사이에 있는 '보이지 않는 자산' 활용하기』(일본에서 출간된 제목이며, 원제는 Achieving Success Through Social Capital이다)에 따르면 인간관계 등 인적 네트워크가 성공에 필요한 자산이라고 합니다. 즉 다른 사람과 신뢰 관계를 쌓고, 자신의 일을 원활하게 진행하기 위한 보이지 않는 자산이라는 뜻이죠. 이외에도 자격증과 이력, 풍부한 인맥과 연줄, 또는 교양과 지성이 그 사람 안에 잠재된 보이지 않는 자산이 된다고 합니다.

충분한 돈과 인맥, 교양이 있으면 하고 싶은 일을 이루기 쉽습니다. 그러나 이런 것들은 가정환경에 좌우되기 십상이죠. 넉넉한 집안에서 태어나면 고등교육을 받고, 풍부한 지식과 다양한 경험을 얻고, 폭넓은 인간관계를 쌓을 수 있습니다. 물론 그러한 '자산'은 타고나지 못했더라도 후천적으로 노력하면 얻을 수도 있죠. 다만 타고난 환경에서 자란 사람과 그러지 못한 사람 사이에는 상당한 차이가 있습니다. 그리고 돈은 잃어버릴 가능성도 있지요.

제가 만난 전 세계의 멋진 사람들은 그러한 자산에만 기대지 않았습니다. 오히려 그 이외의 힘을 갈고닦으면서 자신을 매력적으로 만들어 사생활뿐 아니라 비즈니스에서도 성공을 거두었습니다. 그 힘이 'FQ', 즉 '매력 자산'입니다.

정말 있으면 좋고 없으면 그만일까?

◇◇◇◇◇◇◇◇

'나한테는 매력 같은 게 없다'고 금세 포기하는 사람도 많을 테고, '일하는 데 왜 매력이 필요하지?'라는 의문을 품은 사람도 있을 테죠. 그러나 지금까지 전 세계의 일류 비즈니스맨을 수없이 코치한 저는 단언할 수 있습니다. 만약 당신이 '매력이 없다', '매력은 특별한 사람만 갖고 있는 거다', '회사에서는 매력이 필요 없다'고 생각한다면 그것은 엄청난 오해입니다.

왜 매력이 필요한지, 어떻게 하면 매력적인 사람이 될 수 있는지에 대해서는 다음 장부터 자세히 다루겠습니다.

매력은 후천적으로 노력하면 계발할 수 있습니다. 학교에서 수업을 듣거나 직장에서 연수를 받을 때 전문 지식과 논리적으로 생각하는 방법 등은 배울 수 있지만, 누구도 '매력을 끌어내는 법'에 대해서는 가르쳐주지 않습니다. 또한 일상생활뿐 아니라 여성이 경력을 쌓고 비즈니스를 하는 데도 매력이 필요하다는 것을 가르쳐주지 않습니다. 그래서 매력에 대해 막연한 생각을 가진 사람도 많은 듯합니다. '있으면 왠지 득'이 되는 것, '여성성'을 이용해 원하는 바를 이루는 행위라고 말이죠.

그러나 매력은 비전과 꿈을 이루기 위한 인생의 필수 요소이니, 특히 일하는 여성이라면 꼭 갖춰야 할 조건입니다. 많은 여성들이 직장에서 자신감을 가지고, 당당하게 행동하는 것을 어려워하는데, 매력은 그것을 가능하게 만들기 때문이죠.

이 '매력'을 가꾸면 누구에게도 빼앗기지 않는 당신만의 '매력 자산'을 손에 넣을 수 있습니다.

일도 사람도 내 것으로 만드는 매력 습관 1

 매력 빈자

"저 SKY 나왔잖아요!"

"토익 만점에 한자, 모스, 유통관리사 자격증도 있어요!"

"어학 연수와 인턴 경험은 기본 아닌가요?"

→ 자신의 스펙을 과시하는 데 열중한다.

 매력 부자

"할 수 있습니다. 그러니 믿고 맡겨주세요!"

"이번 ○○은 어떻게 하는 게 좋을까요?
   (통보하지 않고 먼저 의견을 구한다)"

"여러분이 함께 힘써주신 덕분에 일이 잘 진행되었습니다.
   정말 고맙습니다!"

→ 자신감을 보이면서도 상대방에게 공을 돌린다.

must have 2

∞

매력

"왜 자꾸 끌리는 걸까?"

작은 빈틈이
마음을 열게 한다

매력의 정체

◇◇◇◇◇◇◇◇

'매력이란 무엇일까?'

'매력이 있는 사람은 보통 사람과 무엇이 다를까?'

'일을 잘하는 사람은 왜 매력적으로 보일까?'

매력에 대해 처음으로 의문을 품게 된 것은 컨설팅 회사에서 일하던 때였습니다. 당시에는 인재개발부에 소속된 터라 사내에서 우수한 실력을 인정받은 모든 부서의 컨설턴트들과 일할 기회가 많았습니다.

회사에는 수천 명이 넘는 사원이 있었는데, '그 사람은 일을 정말 잘해, 진짜 최고라니까'라는 평가를 받는 사람은 항상 정해진 몇 명뿐이었습니다. 그렇게 높은 평가를 받은 사람들과 직접 만나 이야기를 듣다 보니 그들에게는 한 가지 공통점이 있다는 사실을 깨달았습니다. 바로 '사람을 사로잡는 강한 기운이 있다'는 것이었죠.

이목구비가 뚜렷하다, 자세가 바르다, 깔끔하다, 패션이 세련되었다, 몸짓이 우아하다, 일을 잘한다, 논리적으로 말한다. 이렇게 한눈에 알아볼 수 있는 표면적인 것도 한몫했을 테지만 그 이상으로 그들은 사람을 끌어들이는 강한 기운을 몸에 휘감고 있었습니다. 마음속 깊은 곳에서 '왠지 이 사람과 함께 있고 싶다'는 생각이 들게끔 말이죠.

저는 매력에 대해 조금 더 알고 싶어졌습니다. 그래서 INSEAD에서 '코칭', '매력적인 리더란 무엇인가' 등에 대해 좀 더 깊이 공부해보기로 마음먹었죠. INSEAD는 MBA로 유명한 경영 대학원으로, 경영자와 리더 교육을 통해 '사람의 마음을 바꾸고 조직과 사회를 이롭게 한다'는 목적에 특화된 코칭과 조직 심리학 석사 과정이 있습니다. 저는 그 과정에 입학했습니다.

최고의 명성을 자랑하는 경영 대학원답게 '매력적인 리더들'의 데이터를 축적해놓았더군요. 석사 과정을 밟는 동안 전 세계에서 모인 남녀 35명의 매력적인 사업가와 만날 수 있었습니다.

저는 그 후 창업을 했고 세계 곳곳을 돌아다니며 일류라 불리는 사람들과 일하고 있습니다. 전 세계 일류들이 가진 매력을 경험하고 연구하면서 저는 이렇게 확신했습니다.

'매력은 갈고닦을 수 있는 요소이며 일상생활에서 원하는 것을 얻거나 비즈니스에서 성공하고 경력을 얻기 위해서는 필요한 것이다.'

나만의 빈틈을 인정하라

여러분 주변에도 있지 않나요? '뭐가 있는데요?'라고 묻는다면 잘 표현하기 어렵습니다만, 예를 들자면 왠지 금세 주변 사람을 사로잡는 사람, 외모가 뛰어나거나 말주변이 좋은 것도 아닌데 성별에 관계없이 남들이 동경하는 사람 말입니다. 그런 사람을 보면 '매력적'이라고 생각하지 않나요?

콤플렉스나 약점은 누구에게나 있습니다. 그런 걸 모두 다 고쳐서 완벽한 사람이 되지 않으면 매력적이지 않은 걸까요? 그렇지 않습니다. 매력은, 잘하지 못하거나 부족한 점을 없애고 완벽해지는 게 아니라 이미 우리가 갖고 있는 자질을 찾아내어 갈고닦는 것입니다.

사람은 자신의 약점을 인정하기 싫어하는 존재입니다. 인정해버리면 자신이 모자란 사람 같고, 타인도 나를 그렇게 보지 않을까 걱정하는 바람에 자신감을 잃게 됩니다. 그것을 두려워하기 때문에 약점을 부정하는 거죠.

하지만 인간은 완벽한 사람에게 마음을 빼앗기는 게 아니라 '자신의 약점을 인정하는 사람', 즉 두려움을 가볍게 뛰어넘을 수 있는 사람에게 매력을 느낍니다. '완벽한 것'을 '매력'이라고 생각하는 사람이 많은데 절대 아닙니다.

사람은 자신의 약점을 쉽게 인정하지 못합니다. 그렇기 때문에 프라이드를 미련 없이 버리고 완벽에 집착하지 말아야 합니다. 우리는 부족한 것을 부족하다고 받아들이며 살아가는 사람을 매력적이라고 느끼며, 그런 사람에게는 이길 수 없다고 생각합니다.

성공한 사람, 모두가 좋아하는 사람, 왠지 끌리는 사람에게는 사랑할 수밖에 없는 빈틈이 있다는 것을 기억하세요.

어떻게 나를
최고로 만드는가

우연이 주는 기회를 잡아라

◇◇◇◇◇◇◇

'정말로 하고 싶은 일을 못 찾겠다.'

'아무리 떠올려봐도 미래가 그려지지 않아 불안하다.'

이런 생각을 하는 사람도 많을 겁니다. 자신이 하고 싶은 일을 하면서 앞으로 나아가는 사람을 보면 나만 비전이 없는 것 같아 초조해지기도 하죠.

스탠퍼드 대학의 존 크럼볼츠 교수가 주장한 '계획된 우발성 이론'에 따르면, '경력의 80%는 예상하지 않은 우발적인 것으로 결정된다'고 합니다. 설령 원하는 목표가 있다고 해도 인생에는 예상치 못한 일이 다양하게 일어나기 때문에 뜻대로 되지 않을 때가 있죠. 하지만 예상치 못한 일에 맞닥뜨렸을 때 최선을 다해 대응하면 새로운 길이 열리고, 그것은 결과적으로는 경력으로 연결됩니다. 거꾸로 말하면 처음부터 큰 비전이나 목표를 갖고 있지 않더라도 그때그때 일어나는 사건에 최선을 다하면 미래를 개척할 수 있다는 뜻입니다.

그때 사람과의 인연은 아주 중요한 역할을 합니다. 누군가를 만날 때 상대방이 나를 '매력적'이라고 느끼면 더욱 좋은 인연과 기회를 불러들일 수 있습니다. 그리고 문득 뒤돌아보면 전에 있던 곳과 전혀 다른, 좀 더 재미있고 설레는 곳에 몸담고 있을 겁니다. 따라서 '하고 싶은 게 뭔지 모르겠다'고 고민하는 사람일수록 매력을 갈고닦아야 합니다.

혼자서는 한계가 있다

◇◇◇◇◇◇◇

특히 '일과 육아를 양립하면서 나답게 살고 싶은' 여성은 매력을 의식해보세요. 일도 육아도 잘해내려면 다른 사람의 마음을 사로잡아야 합니다. 그래야 응원과 도움을 받을 수 있기 때문입니다.

생각해보면 우리 사회는 여성에게 기대하는 바가 있고, 여성은 그 역할을 모두 해내야 한다고 생각합니다. 그러다 보니 많은 여성들이 '일을 잘하는 나, 집안일과 직장 일을 양립하는 나, 육아도 놓치지 않는 나, 파트너에게 항상 사랑받는 나, 나이를 먹어도 아름다운 나'가 되기 위해 고군분투합니다. 이 모든 역할을 혼자서 완벽하게 해내려고 하죠. 그런데 모든 기대에 부응하기 위해 혼자 아등바등하다 보면 숨이 막힐뿐더러 결국은 아무것도 달성하지 못하고 맙니다.

사실 저도 그랬습니다. 10대부터 20대에 걸쳐서 공부도 일도 혼자서 완벽하게 해내려고 안간힘을 썼습니다. 결혼을 하고 INSEAD에서 공부하면서 친구와 함께 창업을 했지만 남에게 의지하는 게 싫어서 모든 일을 혼자 해내려고 했죠. 그러는 도중에 도대체 무엇이 정답이고, 무엇을 믿어야 하는지 전혀 알 수 없게 되었습니다. 초조함과 불안, 정신적인 압박에 시달려 죽을 것만 같았습니다. 끝내 버티지 못하고 손을 놓아버렸죠. 지금 생각하면 인생에서 가장 괴로운 시기였습니다. 그때 친구의 한마디가 저를 구해주었습니다.

"무엇이든 혼자서 다 하지 않아도 돼."

그 후 임신과 출산 그리고 남편이 해외로 발령을 받은 탓에 독박 육아를 하면서 깨달은 바가 있습니다. 무엇을 하든 혼자서는 한계가 있다는 것. 일에서든 일상생활에서든 진정으로 나답게 살아가려면 혼자서는 아무것도 실현할 수 없다는 것. 주변의 누군가와 서로 돕지 않으면 나답게 앞으로 나아갈 수 없다는 것을 통감했습니다.

도움을 구하는 것은 부끄러운 일이 아니다

◇◇◇◇◇◇◇◇

말로는 쉽지만 '다른 사람의 도움을 받으며 살아간다'는 것은 사실 매우 어려운 일입니다.

우리는 어렸을 때부터 '자기 일은 스스로 하라'고 배웠고, 그런 가르침 때문에 무엇이든 혼자서 해내는 것이 바람직하다고 믿고 있죠. 다른 사람에게 약점을 보이거나 도와달라고 하는 것은 부끄럽고 나약한 행위라고 착각하는 구석이 있습니다.

'경력을 포기하고 싶지 않다', '가정과 육아 등 사생활도 포기하고 싶지 않다'. 이런 마음이 들 때는 할 수 없는 것은 할 수 없다고 인정하고, 주변 사람에게 스스럼없이 도와달라고 말할 수 있어야 합니다. 즉 '도움을 구할 수 있는 힘'이 필요한 거죠.

마치 고행에 맞서듯 혼자서 모든 것을 떠안고 있기보다는 주변 사람들과 서로 도움을 주고받아보세요. 예를 들어 '너무 힘든데 좀 도와줄래요?', '그럼요! 기꺼이 그러죠!', '미안하지만 오늘은 안 되겠어요'라고 편하게 말할 수 있는 분위기가 형성된다면 여성이 일과 가정을 양립하기 쉬워집니다. 회사에서 관리자가 되었을 경우에도 마찬가지입니다. 무엇이든 혼자서 하려 하지 말고, 주변의 도움을 받으면서 혼자서는 할 수 없는 일은 팀을 통해 달성할 필요가 있습니다. 그리고 '도와달라'고 말했을 때, '이 사람이라면 도와주고 싶다'고 상대가 기꺼이 손을 내밀어주기 위해서는 역시 매력이 필요합니다.

그렇게 생각하면 '매력'이란 자신을 더욱 좋고 멋있게 보이기 위한 자기만족의 스킬이 아니라 인생을 살기 쉽게 만들고, 원하는 경력을 쌓는 발판이 된다는 것을 알 수 있습니다.

나답게 자유롭게 즐겁게 살고, 매력을 하나둘 늘려가면 더 많은 기회가 찾아오게 마련입니다.

매력이 기회를 만든다

◇◇◇◇◇◇◇

가끔씩 '저는 회사원이라서 업무 내용이나 직장 내 인간관계에 변화가 거의 없거든요. 그런데도 기회가 있을까요?'라는 질문을 받곤 합니다. 예를 들어 제 코칭 수업에 참가한 여성들 중에도 날마다 열심히 일하고는 있지만, 좀 더 자기답게 살기 위한 돌파구를 찾지 못해 고민하는 사람들도 꽤 많습니다.

그런 여성들이 매력을 갈고닦아 자기답게 행동하게 되었을 때, '예기치 않은 상대가 손을 내밀었다'는 이야기를 들려주는 경우가 있습니다. '예기치 않은 상대'란 직속 상사, 선배와 같은 수직 관계나 동기와 같은 수평 관계가 아닌, '부서가 다르고 연차도 위인 사람'을 말합니다.

매력이 생기면 적극적으로 행동하게 되고 다른 사람과 관계를 맺기도 쉬워집니다. 또한 남에게 깊은 인상을 남기죠. 그 때문에 동료와 직속 선배로부터 다른 부서 사람들과 만나는 회식이나 점심 식사에 함께 가자고 권유받는 일이 늘어납니다. 회사 밖에서 스터디 모임이나 세미나, 이벤트 같은 모임에 참가했을 때도 그곳에서 만나는 사람들에게 깊은 인상을 남겨 교우 관계가 넓어집니다. 그렇게 형성한 인간관계는 당신에게 많은 것을 얻을 수 있는 다양한 기회를 가져다줍니다. 매력적인 사람의 주변에 매력적인 사람들이 모이게 마련이니까요.

예기치 못한 상대는 업무에 직접 관여하지 않고, 이해관계도 없기 때문에 더욱더 편하고 거리낌 없는 사이가 됩니다. 그들과 연결되어 있으면 일의 범위와 인간관계가 넓어지는 기회가 자주 찾아옵니다. 또한 예기치 못한 상대는 당신의 장점이나 개선

해야 할 약점도 꼬집어줄 수 있는 위치에 있습니다. 그래서 당신도 직속 상사나 선배보다 그들이 해주는 조언을 순수하게 받아들입니다.

이렇게 점점 더 매력을 갈고닦으면 마침내 자신이 하고 싶은 일을 할 수 있는 기회도 찾아올 겁니다. '하고 싶은 일이 아직 보이지 않는' 상황이라도 걱정하지 마세요. 매력이 당신을 원하는 미래로 이끌어줄 테니까요.

빠져나올 수 없는
매력의 공식

매력을 알아야 매력이 생긴다

◇◇◇◇◇◇◇◇

지금까지 일과 인생에서 원하는 결과를 얻기 위해서는 매력이
필요하다는 이야기를 했습니다. 또한 앞으로는 직장의 리더도
매력을 갈고닦을 필요가 있다는 이야기도 했습니다. 그렇다면
애초에 매력이라는 것은 무엇일까요?

'매력'에 대한 생각은 사람마다 다릅니다. 요염한 여성을 매
력적으로 보는 사람도 있고, 품위 있고 조용한 인상을 주는 여성
을 매력적이라고 느끼는 사람도 있습니다. 섹슈얼한 것에 매력
을 느끼는 사람도 있고, 지성에 매력을 느끼는 사람도 있겠지요.

이렇듯 매력은 사람에 따라 다양한 정의가 존재하지만, 저는 다음과 같이 정의하고 있습니다.

매력=IQ, EQ, 공헌심+(타인을 사로잡는) 외모, 몸짓, 아우라

【 매력의 전체상 】

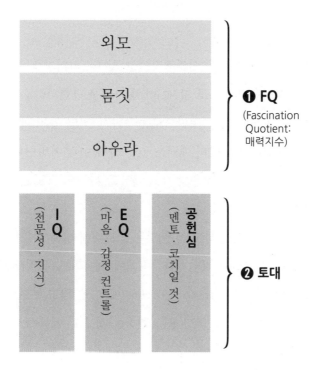

이 그림은 매력의 전체상을 정리한 것입니다. ②토대는 우리가 주로 학교나 직장에서 배우는 것으로, '내면'의 충실함을 뜻합니다.

- IQ: 입장, 업무에 필요한 전문성이나 지식
- EQ: 마음과 감정을 컨트롤하는 능력
- 공헌심: 멘토, 코치로서 다른 사람을 지지하고 도와주거나 더 나은 사회로 만들고 싶다는 마음

우리는 다른 사람을 사로잡으려고 할 때, 리더가 되었을 때, 원하는 경력을 얻으려고 할 때, 이 세 가지를 단련하려고 열심히 노력합니다. 하지만 그것만으로는 '똑똑하지만 왠지 재미없는 사람', '대단하지만 딱히 매력은 없는 사람'이 되어버립니다. 내면에 아무리 훌륭한 것을 숨기고 있어도, 타인이 그것을 이해하기까지는 시간이 걸립니다.

제가 이 책에서 전하고 싶은 것은 ②토대에 더해 ①을 전달하는 기술을 갈고닦는 것입니다. 이 책에서는 외모, 몸짓, 아우라를 총칭하여 FQ(Fascination Quotient: 매력지수)라고 부르겠습니다. 매력지수는 주로 '외면'을 표현하는 것으로, 예를 들면 다음과 같습니다.

- 외모: 표정, 화장, 복장
- 몸짓: 제스처, 자세, 목소리
- 아우라: 힘, 배려, 집중력, 활력

물론 FQ가 높으면 처음에는 좋은 인상이나 현명한 인상을 줄 수 있습니다. 그러나 시간이 지나면 점점 본색이 드러나게 마련이죠. 그때부터는 '실속이 없는 사람'이라는 말을 듣게 됩니다. 하지만 매력적인 사람이 되려고 할 때, 우리는 너무 ②토대에만 신경을 쓰느라 ①FQ를 높이는 데 소홀하기 쉽습니다. 토대와 FQ를 모두 갖춘 상태가 '매력'이며, 그것이 사람을 사로잡는 무기입니다.

여러분은 이미 토대는 충분히 의식하고 있을 것입니다. 따라서 이 책에서는 어떻게 FQ를 갈고닦는지를 중심으로 이야기해 보겠습니다.

모든 관계는 매력에서 시작된다

사람은 무의식중에 '다른 사람에게 좋은 인상을 주고 싶다', '나를 좋아했으면 좋겠다', '나를 인정해줬으면 좋겠다'는 생각으로 옷(화장)이나 표정을 고르고, 타인에게 호감을 얻기 위해 행동 하나도 신경을 쓰곤 합니다. 상대방도 오감으로 그 사람의 복합적인 요소를 읽어내고 '매력적인지 아닌지'를 직관적으로 순식간에 판단합니다.

사람이 혼자서 살아가는 존재라면 '매력'은 아무런 도움이 되지 않습니다. 매력을 인정해주는 사람이 있어야 비로소 매력적인 것에 의미가 있습니다. 인정해주는 쪽이 '이 사람은 정말 매력적이다', '이 사람과 함께 일하고 싶다', '이 사람에게 힘이 되고 싶다', '도와주고 싶다'고 생각해야 비로소 '매력적인 것'에 의미가 있는 거죠.

만약 당신이 좀 더 매력적인 사람이 된다면 주변에 도움을 주고 싶어 하는 사람이 모여들 겁니다. 그러면 당신은 삶이 즐거워질 테죠. 사생활이든 일이든 혼자서 이룰 수 있는 것보다 더 큰 것을 달성할 수 있기 때문에 좀 더 넓은 세상으로 나아갈 수 있습니다.

매력이란 '자신의 대단함이나 아름다움을 과시하는 것'도, '다른 사람의 호감을 얻기 위해 성실하고 긍정적이며 빈틈없는 나를 연기하는 것'도 아닙니다. 자신의 약점과 콤플렉스를 모두 받아들인 다음 자신이 가지고 있는 점을 최대한으로 갈고닦아 '사람을 사로잡는' 능력이며, 비즈니스와 인생에서 존재감을 발휘하기 위한 기술입니다.

전 애플사의 에반젤리스트(Evangelist, 제품의 장점을 널리 퍼트리는 역할을 하는 사람)이자 현재는 벤처 캐피탈리스트와 강연가로 활약하고 있는 가이 가와사키는 자신의 책『사람을 매료시키다: 일류 직업인이 되기 위한 기술』(일본에서 출간된 제목이며, 원제는 Enchantment이다)에서 이렇게 말하고 있습니다.

'매료시킨다'는 것은 사람을 내 생각대로 조작하는 것이 아니다.

조작 이상으로 사람을 움직이게 만드는 것이다.

'매력'은 사람을 움직일 뿐 아니라 그곳의 상황과 인간관계를 변화시킨다.

경의가 예의로, 예의가 친근감으로 바뀐다.

회의주의자와 냉소적인 사람을 신봉자로 만드는 것이다.

다음 장부터 매력을 결정짓는 '외모', '몸짓', '아우라'에 대해 자세히 다룰 것입니다.

일도 사람도 내 것으로 만드는 매력 습관 2

 매력 빈자

"아니, 그런 것도 못해? 그렇게 무능하고 게으르니까 만년 과장인 거야! 그 따위로 할 거면 회사 때려쳐!"

→ 상대방의 인격을 무시하는 발언을 한다.

 매력 부자

"업체 담당자 이름을 틀렸더군요. 메일을 발송하기 전에 꼭 한 번 내용을 확인하고 보내세요."

→ 실수했을 때는 사실만 지적한다.

must have 3

∞

외모

"좋아 보일수록
나의 가치는 높아진다"

아름다움으로
얻는 것과 잃는 것

연봉은 외모순이다?

◇◇◇◇◇◇◇◇

외모는 순식간에 사람의 인상을 결정합니다.

미국 프린스턴 대학의 알레산더 토도르프 교수는 학생들에게 2004년 상원 의원 선거에 출마한 후보자들의 사진을 보여주고 누가 당선될지를 예측해보라고 했습니다. 조사 결과 학생들은 68.8%라는 꽤 높은 확률로 당선자를 예측했다고 합니다. 즉 외모만 보고 일의 결과까지 예측할 수 있다는 것입니다.

미국에는 아름다움에 주어지는 포상이라는 뜻으로 쓰이는 '외모 프리미엄'(Beauty Premium)이라는 말이 있습니다. 그것은 어떤 의미일까요?

대니얼 해머메시가 쓴 『미인 경제학』에 따르면 1790년대 미국인을 대상으로 조사한 결과, 외모가 아름다운 여성들이 평범한 여성들보다 수입이 8%나 높았다고 합니다.

미국 중부 대서양 지역의 대학에서 MBA를 취득한 학생들을 대상으로 한 실험도 유명합니다. 대학에서는 MBA 취득 시험 전에 학생들의 사진을 미리 찍어두고 한 사람 한 사람에 대해 독자적인 평가를 했습니다. 그 후 졸업생이 일에서 성공을 했는지 아닌지를 조사해보았죠. 그 결과 매력적인 남성은 초봉이 높고 관리직이 되어서도 승진 속도가 빠르다는 것이 판명되었습니다. 여성의 경우, 매력이 초봉에는 큰 영향을 주지 않았지만 경력을 쌓을수록 매력적인 사람이 수입이 높아졌다고 합니다. 그리고 '좀 더 매력적'이라고 평가받은 남녀는 1983년 당시에 시급이 약 2500달러나 많았습니다.

잘생기면 무죄, 못생기면 유죄

◇◇◇◇◇◇◇◇

여기에는 매력의 '후광 효과'가 작용했다고 볼 수 있습니다. 후광 효과란 어떤 사람을 판단할 때, 그 사람이 가진 하나의 특성을 가지고 그 사람의 다른 부분 혹은 나머지 전부를 평가하는 현상을 말합니다. 위 실험을 예로 들면 외모가 아름다운 사람이 다른 면에서도 뛰어나 보인다는 것을 뜻하죠. 다시 말해 사람의 '외모'로 능력을 판단하는 것입니다. 이러한 외모의 후광 효과는 법정에서도 나타납니다.

변호사는 법정에 서는 피고인이나 증인에게 깔끔하게 옷을 입고 예의 바르게 행동하라고 조언합니다. 외모가 좋은 사람이 하는 말은 그렇지 않은 사람이 하는 말보다 훨씬 설득력이 높기 때문이죠. 일설에 의하면 외모가 좋은 용의자는 재판에서도 엄격한 유죄 판결을 받을 가능성이 낮다고 합니다.

낸시 에트코프의 『美: 가장 예쁜 유전자만 살아남는다』에 따르면 아름다운 사람은 위기 상황에서 도움을 받기 쉬운 것으로 나타났습니다. '자동차 타이어가 펑크 난 여성이 도로 옆에 서서 지나가는 사람에게 도와달고 했을 때, 상대방은 어떤 반응을 보일까?'라는 실험을 했습니다. 여성과 통행인은 물론 초면입니다. 여성의 외모와 옷차림새를 다양하게 바꾸어 관찰한 결과, 아름다운 여성이 도움을 받는 확률은 그렇지 않은 여성과 비교했을 때 25%나 높았다고 보고되었습니다.

매력이란 눈에 보이는 아름다움과 보이지 않는 아름다움이 조화를 이뤘을 때 저절로 흘러나오는 것입니다. 그렇다면 미인

만이 이득을 보는 걸까요?

런던 정치경제 대학 사회학과 교수였던 캐서린 하킴은 다음과 같은 견해를 밝혔습니다.

매력적인 외모가 일의 효율을 향상시키는 까닭은 '나는 할 수 있다'는 자신감 때문일지도 모른다. 하지만 매력적이고 느낌이 좋은 사람은, 타인이 보기에도 함께 일하기 쉽고 설득력도 있다. 타고난 미인이 유리한 것은 어쩔 수 없지만, 그렇지 않은 사람도 외모나 행동을 매력적으로 가꾸면 타고난 미인과 같은 수준의 외모 프리미엄을 얻을 수 있다.

아무리 예뻐도 용서할 수 없는 것

◇◇◇◇◇◇◇◇

그렇다면 항상 아름답게 꾸미면 되는 걸까요? 그 대답은 '아니요'입니다.

외모 프리미엄과 반대되는 뜻으로 '외모 페널티'(Beauty Penalty)라는 말이 있습니다. 아름다움을 오해하여 일어나는 비극을 의미하죠. 요즘은 여성지나 인터넷을 통해 미인으로 만들어주는 메이크업과 헤어스타일 정보를 손쉽게 얻을 수 있습니다. 마음에 드는 옷을 입고 메이크업을 하면 기분이 좋을 뿐 아니라 자신감도 생기고, 자연스럽게 매력을 끌어낼 수도 있습니다. 하지만 잘못된 방향으로 가면 마이너스로 작용하는 경우도 있습니다.

캐서린 하킴이 쓴 책에는 외모 페널티의 실례로 다음과 같은 이야기가 나옵니다.

오후에 승진 면접이 있는 여성이 차분해 보이는 검은색 정장을 입고 출근했습니다. 하지만 그 옷을 자세히 보니 레이스가 달린 검은색 파티 드레스로 천 아래로 맨살이 드러났습니다. 예상대로 그녀는 승진하지 못했는데, 정작 본인은 자신이 탈락한 이유를 몰랐다고 합니다. 아무리 아름다운 드레스였다고 해도 맨살이 그대로 드러나는 드레스를 입고 일하는 여성을 과연 주변에서 '전문가답다'고 인정할 수 있을까요? 아마추어라고 느낄 것입니다. 그녀는 그러한 객관적인 시점을 간과한 것이죠.

기업의 관리자 3000명을 대상으로 한 미국의 설문 조사에서 응답자의 43%가 '옷차림 때문에 부하를 승진 대상에서 제외한 적이 있다'고 답했으며, 20%가 '옷차림 때문에 부하를 해고한 적이 있다'고 밝혔다고 합니다.

물론 직업에 따라 차이가 큽니다만, '내가 예쁘다고 생각하면 그만이지 뭐', '섹시함을 강조하는 게 좋겠지'와 같이 지나치게 아름다움을 추구하는 여성은 결코 매력적으로 보이지 않는다는 것이 공통된 결과입니다.

외모 페널티의 또 다른 사례가 있습니다. 2008년부터 뉴욕의 금융기관에서 근무했던 여성은 몸매가 훤히 드러나는 터틀넥과 스커트를 입었죠. 그러자 회사 측에서는 '주변 사원들이 신경이 쓰여 일에 집중할 수 없다'는 이유를 들며 복장을 개선하라고 요구했습니다. 하지만 그 후에도 옷차림을 고치지 않았던 그녀는 인사이동 후 1개월 만에 해고되었습니다.

제가 직접 들은 사례를 소개하자면, 업무 능력이 우수하여 상사로부터 높은 평가를 받는 한 여성이 있었습니다. 일을 잘했던 그녀는 외국계 기업으로 이직했고, 가장 큰 프로젝트를 맡게 되었죠. 그런데 그 프로젝트를 의뢰한 외국인 남자가 '그녀를 빼 달라'고 통보했습니다. 프로답지 못한 옷차림이 그 원인이었습니다. 그녀는 '아름답게 보이기 위해' 노출이 심한 옷을 입고 회의에 참석했는데, 타인에게는 '프로로서는 실격'이라는 인상을 주었기 때문이죠. 자신과 상대방 모두가 기분 좋게 일할 수 있는 옷차림에 대한 인식이 부족했던 겁니다. 상대가 원하는 복장조차 이해하지 못하는 사람이, 업무에서 상대의 요구를 파악하고 행동할 수 있을까요? 그럴 리 없습니다.

그녀는 너무나 '아름다운' 옷을 입고 있었을지도 모릅니다.

'고작 옷차림 하나 때문에 너무한 거 아닌가?'라는 의견도 있을 테지만, 우리 주변에서는 이런 일이 자주 일어납니다.

매력의 이중성

◇◇◇◇◇◇◇◇

이러한 외모 페널티 사례를 통해 우리가 배워야 할 것은 '아름다움의 방향을 착각하면 매력적이지 않다'는 점입니다. 아름다움은 분명 '득'이 될 수도 있지만 때로는 '독'이 되기도 합니다.

그리고 '여성에게 공감을 받는 매력'과 '남성의 흥미를 끄는 매력'도 살펴볼 필요가 있죠. 확실히 성별에 따라 끌리는 매력에는 차이가 있습니다. 후자가 더욱 이성적인 매력을 강조할 것입니다.

그러나 '자신감'과 '원하는 경력'을 쌓기 위해 필요한 것은 '이성'에게 어필하는 매력이 아닌 '모든 사람'에게 어필하는 매력입니다. 그것은 남성으로서 혹은 여성으로서 타인에게 호감을 주려고 애쓰는 게 아니라 인격체로서의 자신을 그대로 전달하기 위한 기술입니다. 그것을 깨달으면 모든 사람들로부터 '내 삶의 방식이나 존재 자체가 매력적'이라는 평가를 받게 될 것입니다.

아름다움보다
일관성이 중요하다

옷차림을 보면 마음가짐이 보인다

◇◇◇◇◇◇◇◇

면접을 보러 갈 때 색이나 무늬가 화려한 네일, 요란한 헤어스타일, 너무 진한 화장을 하면 어떻게 생각될까요? 설령 이 세 가지가 모두 아름다웠더라도 면접관은 '이 사람, 정말 괜찮을까?' 하고 걱정하지 않을까요?

저는 대학을 졸업하고 PR 회사에 입사했는데, 그곳에는 '위기관리 미디어 트레이닝팀'이라는 부서가 있었습니다. 이곳은 '사회적으로 물의를 일으킨 기업의 대표가 갑작스레 기자 회견에서 사죄하게 되었을 경우'에 특별팀을 결성하여 그가 어떻게 기자 회견에 임해야 할지 알려주는 부서로 복장부터 몸짓, 사죄 내용까지 모두 관여했죠.

몇 번이나 그런 일이 벌어졌는데, 그때마다 트레이너가 물의를 일으켜 사죄해야 하는 기업의 대표에게 조언하는 게 매우 인상적이었습니다. '광택이 없는 정장에 단추가 여기에 붙어 있는 걸 입으세요. 지금 입고 있는 그 정장은 좀 경박해 보이네요'라고 말하더군요

사죄나 성의를 전할 때는 사죄하는 쪽의 외모도 중요합니다. 그래서 트레이너는 상대의 기분을 건드리지 않고, 원만하게 사태가 정리될 수 있도록 옷이나 소품까지 세세하게 조언합니다. 예를 들면 양복과 넥타이, 셔츠는 디자인이 화려한 브랜드는 피하고 색상이 수수한 것을 고릅니다. 손목시계와 구두도 비싼 것은 피하고 눈에 띄지 않는 것으로 바꾸라고 하죠. 보는 사람으로 하여금 '때와 장소에 맞는 차림새도 못 갖추니 일도 엉망이겠지', '돈 좀 벌었다고 어깨에 힘주면서 경영하는 거 아니야?' 하는 생각이 들게 해서는 안 됩니다. 그렇지만 너무 저렴해 보이는 복장은 기업의 신뢰를 잃어버릴 수도 있기 때문에 피해야 하죠. 따라서 사과를 해야 할 때는 말끔한 옷차림새가 가장 적절합니다.

그 밖에도 우리 생활 속에서는 장례식이나 송별회 같은 달갑

지 않은 상황에 적용해서 생각해볼 수 있죠. 그런 장소에서는 슬픔이나 아쉬움을 전하기 때문에 수수한 차림새가 바람직합니다. 자신의 패션 감각을 뽐내거나 평소와 같은 복장으로 찾아가는 것은 예의가 아닙니다.

항상 때와 장소에 어울리는 복장이 있다는 것을 명심하세요.

패션에 철학을 담아라

최근에는 여성이 회사 안팎에서 롤모델로 주목을 받는 경우가 있습니다. 그때 신입사원이 입을 법한 옷이 아니라 직책에 어울리는 옷과 액세서리를 걸치면 '이 사람처럼 되고 싶다'고 동경하는 사람이 분명 늘어날 겁니다.

장소, 업계, 직종, 사풍뿐 아니라 직책에 어울리는 외모도 중요하다는 점을 기억하세요.

그 상황에 어울리는 옷을 입으면 외모는 매력 자산이 됩니다. 윗사람들이 참석하는 프레젠테이션에서 발표할 때나 중요한 거래를 진행할 때는 말끔한 옷으로 신뢰감을 주고, 젊은 세대의 대표로서 크리에이티브 비즈니스를 소개할 때는 트랜디한 옷으로 신선한 분위기를 전달해야 합니다. 그런 식으로 복장을 이용하면 상대를 내 편으로 만들 수 있습니다.

복장은 자신의 취향이나 센스를 어필하는 수단만이 아닙니다. 장소와 역할에 어울리는 옷을 입으면 당신의 마음과 배려가 주변 사람들에게 전해져 더욱 매력적인 사람으로 인식될 수 있죠. 그때 색상을 활용하면 좀 더 깊은 인상을 남길 수 있습니다.

프레젠테이션이나 거래에서 적극적인 인상을 주고 싶을 때는 빨강, 미팅이나 회의에서 착실한 인상을 주고 싶을 때는 파랑, 처음 만나는 상대에게 성실함을 어필하고 싶을 때는 흰색 계열의 옷이나 소품을 착용해보세요. 빨강과 파랑처럼 선명한 색상은 소품으로 활용하는 게 좋습니다. 예를 들어 숄이나 스카프로 포인트를 주는 거죠.

사회 심리학자들은 색상이 우리에게 어떤 영향을 주는지 연구했는데, 그 결과 다음과 같은 효과가 있다고 판명되었습니다.

- 빨간색: 에너지와 열정을 전달하며 상대에게 깨달음을 주고 싶을 때에 효과적이다.
- 검은색: 진지한 인상을 풍기며 상대가 거절할 수 없게 하는 데에도 효과적이다.
- 흰색: 성실하고 결백한 인상을 주므로 피고인은 법정에서 흰옷을 입을 때가 많다.

- 파란색: 신뢰감을 주며 푸른색이 진할수록 신뢰감이 높아진다.
- 회색: 선량하고 충실한 인상을 주며 비즈니스의 기본색이다.

또한 복장은 당신의 신념과 비전을 전하는 역할도 합니다. 예를 들면 미국의 전 퍼스트레이디 미셸 오바마의 패션 감각은 세계적으로 유명한 패션 잡지 『VOGUE』 표지를 장식할 정도로, 이미 정평이 나 있습니다.

미셸 오바마의 패션이 종종 화제가 된 까닭은 남다른 감각으로 때와 장소에 따라 상대를 배려하면서 자기만의 개성을 잘 표현했기 때문입니다. 그녀는 인터뷰에서도 이렇게 말했습니다.

"아름다움이란 무엇인가, 지성이란 무엇인가, 어떤 것에서 가치를 발현하는가에 대해 많은 사람들이 생각해보는 계기가 되었으면 좋겠습니다."

실제로 가정 형편은 넉넉하지 않았지만 교육열이 강한 부모 밑에서 훌륭한 교육을 받은 그녀는 수천만 원의 연봉을 받는 유능한 법률가가 되었고, 결혼과 출산을 거치면서 일하는 엄마로 살아가게 되었죠. 교육을 중요시하며 미국인의 식습관을 건강하게 개선하는 일을 비롯해 다양한 활동을 펼치고 있는 그녀는, 패션에 철학을 담기로 소문난 인물입니다.

미셸 오바마는 유명 디자이너의 옷만을 고집하지 않았습니다. 피부색과 성별에 관계없이 재능 있는 신인, 그중에서도 비주류로 통하는 디자이너의 옷을 입었죠. 그녀가 옷을 입기 시작하면서 이단아 취급을 받던 많은 디자이너들이 주목을 받았습니다. 때로는 인터넷에서 쉽게 구할 수 있는 옷도 입었는데, 그런 옷들은 경제 불황 속에서도 잇따라 품절이 되었죠. 그만큼 그녀의 패션은 많은 사람들에게 영향을 주었습니다.

그녀가 입은 옷을 보면 '어디서 그 옷을 입어야 하는지, 왜 그 옷을 입어야 하는지'를 자기 나름대로 신중히 생각한 다음에 고른다는 느낌이 듭니다. 복장이 그녀의 신념과 가치관, 비전을 전달하는 언어가 된 셈이죠.

단지 디자인이나 가격으로 고르는 게 아니라, 원단의 생산지나 디자이너의 생각 등 어떤 의미가 담긴 옷을 골라보세요. 당신이 입은 옷으로 당신이 어떤 사람인지를 표현할 수 있습니다.

첫인상이 좋으면 결과도 좋다

◇◇◇◇◇◇◇◇

우리의 일상생활도 마찬가지입니다. 날마다 옷 고르는 게 너무 귀찮고, 뭘 입어야 할지 모르겠다면 이렇게 생각해보세요.

'직장인에게 회사란 내 전문적인 기술을 제공하는 곳이자 내 생각과 입장을 전달하는 곳이다.'

전문성을 갖춘 사회인으로서 '왜 그 옷을 입는가'를 헤아려보면 답은 쉽게 나올 것입니다. '오늘은 거래처 사람과 만나니까 깔끔한 정장을 입자', '후배가 생겼으니까 앞으로는 단정한 옷을 입자'와 같이 말이죠.

매일 고급 브랜드의 옷을 빼입는 것보다 자신이 편하게 일할 수 있고, 함께 일하는 상대도 기분 좋게 일할 수 있는 옷을 고르는 것이 중요합니다. 그것이 당신의 매력을 끌어내는 스타일이 되는 겁니다.

특히 처음 만나는 사람은 오감으로 상대의 복합적인 요소를 읽어내고 매력적인지 아닌지를 직관적으로 순식간에 판단합니다. 예를 들면 '신용할 만한 사람인가', '어떤 식으로 자랐는가', '친절한 사람인가', '다른 꿍꿍이는 없는가', '어떤 방식으로 일하는 사람인가', '마음을 열어도 되는 상대인가'와 같은 것을 말이죠. 이렇게 다양한 것을 만난 지 1초 만에 추측하고, 몇 분 후에는 '어떤 사람인지 확신'할 뿐 아니라 '매력의 유무'도 판단한다고 합니다.

당신이 아무리 전문 지식이 풍부하고 친절하며 배려심이 흘러넘친다 해도 표현하는 방식이 잘못되면 당신이 가진 매력의 절반도 보여주지 못할 수 있습니다.

　기회는 사람들과의 인연이 모여서 확장된다는 이야기를 떠올려보세요. 처음 만난 상대에게 '이 사람은 왠지 좋은 사람 같다'는 인상을 주거나 알게 된 지 얼마 안 된 상대에게 '이 사람 참 멋지네'라는 인상을 남기면 생각지도 못한 기회를 얻을 수 있습니다. 다시 말해 첫인상에서 '매력'을 전달하느냐 못하느냐가 앞으로의 경력을 좌우하는 거죠.

Tip　매력적인 외모를 만드는 연습

그렇다면 여기서 한 가지 연습을 해보죠. 당신을 포함하여 세 명 이상의 그룹을 만든 다음 실행해보세요. 가능하면 아직 말해본 적이 없는 회사의 다른 부서 사람이나 친구의 지인과 같은, 당신을 잘 모르는 사람이 멤버가 되면 좋습니다. 당신에 대해 모르는 만큼 선입견 없이 연습에 몰두할 수 있기 때문입니다. 멤버가 모이면 순서를 정해서 한 명씩 다음과 같이 질문해보세요.

1. 나의 첫인상을 묻는다

당신을 제외한 나머지 멤버가 당신의 첫인상과 외모의 특징을 생각나는 대로 5분간 이야기합니다. 이때 깊이 생각하지 않고 자유롭게 말하게 하세요. '얌전할 것 같다', '심지가 굳어 보인다', '투명할 것 같다', '동양적인 분위기가 있다', '미소가 매력적이다', '논리적으로 설명을 잘할 것 같다', '비밀이 많아 보인다', '좀 더 화려한 옷이 어울릴 것 같다', '늘 바쁠 것 같다', '메이크업을 제대로 하면 인상이 바뀔 것 같다'처럼 그냥 생각나는 대로 말을 나열해보는 거죠. 당신은 메모를 하면서 잠자코 듣기만 하세요.

2. 내 생각을 말하고 상대에게 내 이미지를 묻는다

3분간 당신이 지금 하고 있는 일과 지금까지 한 일, 앞으로 하고 싶은 일과 꿈을 간결하게 이야기하세요. 그다음 다시 한 번 다른 멤버에게 당신의 이미지를 말해달라고 하세요. 예를 들면 '외모는 얌전해 보이지만 사실 성격은 불같은 사람 같다'고 말이죠. 당신은 메모를 하면서 가만히 듣기만 하세요.

3. 이미지를 고른다

1은 당신의 외모에 대한 인상이고, 2는 당신의 꿈이나 현재 직업을 알고 나서 느낀 인상입니다. 상대가 이야기한 키워드를 살펴보고, 자신이 앞으로 되고 싶은 이미지를 고릅니다. 그와 동시에 의외였던 점, 예를 들면 '이런 식으로는 보이고 싶지 않은 점'도 골라보세요.

4. 말로 표현한다

당신이 내세우고 싶은 이미지를 명확한 말로 표현해보세요. '불같은 정열을 품고 있지만 물 같은 투명함과 쿨함도 겸비한 혁명가' 등 어떤 표현이든 상관없습니다.

5. 조언을 구한다

자신이 원하는 이미지를 말로 할 수 있게 되었다면 그 이미지에 다가가기 위해 어떤 외모를 하면 좋을지, 멤버와 함께 지혜를 짜내보세요. '소심해 보이니까 상의는 좀 더 컬러풀한 무늬가 있는 게 낫겠다', '크리에이티브한 분위기를 내기 위해서 커다란 모양의 귀걸이를 하는 게 어떨까?' 등 멤버에게 구체적인 조언을 구해보세요.

6. 실천한다

그중에서 당신이 생각하기에 정말 그럴 것 같거나 재밌어 보이는 것을 실천해보세요.

이 연습은 당신이 타인에게 어떻게 보이는지를 알 수 있게
해줍니다. 외모만 봤을 때와 당신에 대해 알게 되었을 때, 어
떤 인상을 갖는지 모두 알 수 있죠. 또한 자신이 원하는 모습
과 실제 모습의 차이를 메울 수 있기 때문에 나의 생각과 외
모에 일관성을 가질 수도 있습니다.

타인의 시선을
이용하라

자기다움을 살펴볼 수 있는 기회

◇◇◇◇◇◇◇

사람들이 자주 하는 외모 고민 중 하나가 '지금 나한테 어울리는 옷이 뭔지 모르겠다'는 것입니다. 어떤 옷을 입어야 할지 몰라 방황하는 시기는 정기적으로 누구에게나 찾아오게 마련이죠. 따라서 역할이 커지고 직책이 올라갈 때는 꼭 전문가에게 조언을 받아보세요. 옷장 속과 '자기다움'을 살펴볼 수 있는 기회입니다. 스타일링이나 패션 관리를 통해 다음 단계로 올라갈 때가 온 것이라 할 수 있죠. 무엇을 입고, 무엇을 입지 말아야 할지를 선택할 시기이기도 합니다.

제 주변에서 일류라 불리는 사람들은 직책이 올라가거나 나이를 먹을 때 또는 회사를 옮기거나 승진을 할 때, 퍼스널 스타일리스트에게 조언을 구합니다. 새로운 이미지를 만들기 위해서죠. 그들은 자주 이렇게 말합니다.

"신입 때는 상사가 복장 하나하나도 일일이 단속했는데, 위치가 올라갈수록 주의를 주는 사람이 줄어들더라고요. 자유로워진 반면에 스스로 지금 나한테 어울리는 옷을 입고 있는지를 객관적으로 점검해야 하죠."

'무엇을 입을까?'를 생각할 때, '무엇을 입지 말아야 할까?'도 함께 고민하는 습관을 들이면 세련된 매력을 갖출 수 있습니다.

스타일리스트를 고용하는 데 부담을 느끼는 사람도 있을 텐데 막상 해보면 어려운 일이 아닙니다. 스타일링뿐 아니라 이미지에 대한 조언도 들을 수 있으니 꼭 한 번 시도해보세요.

최근에는 스타일리스트가 매달 액세서리와 옷을 골라서 보내주는 렌탈 서비스도 있습니다. 자신이 원하는 이미지를 전달하면 거기에 어울리는 복장을 자동으로 보내주는 시스템이죠. 마음에 들면 구매할 수도 있고, 마음에 들지 않으면 반품하거나 피드백을 통해 더욱 취향에 맞는 옷을 받을 수도 있습니다.

화장도 중요하기는 마찬가지입니다. 자신의 직업 경력에서 한 고비를 맞이하면 한번쯤 메이크업 전문가에게 조언을 구해보세요. 자기도 모르게 시대나 역할에 맞지 않는 화장을 하는 것을 피할 수 있습니다. 화장을 해주는 미용실이나 메이크업 전문숍은 많이 있으니 활용해보세요. 또한 중요한 프레젠테이션과 회식, 면접 때는 스스로 하지 말고 꼭 전문가에게 맡기세요. 그 상황에 어울리는 얼굴로 만들어주기 때문에 좋은 결과를 얻을 수도 있습니다.

결점을 아는 것이 힘이다

∞∞∞∞∞∞

당신은 자신의 입 모양이 어떤지 알고 있나요? 입매는 좋은 인상을 주는 데 결정적 역할을 합니다. 그런데 많은 사람들이 입 모양에 신경을 쓰지 않는 듯싶습니다.

친구나 지인에게 당신의 얼굴이 찍힌 사진을 받아보세요. 카메라를 의식하지 않은 평상시 당신의 표정이 담긴 사진을 말이죠. 어떤 입 모양을 하고 있나요? 어떤 미소를 짓고 있나요? 스스로 거울을 볼 때와는 또 다른 자신의 표정을 객관적으로 살펴보세요. 여기서 중요한 점은 스스로 찍은 사진이 아니어야 한다는 것입니다.

타인이 찍은 사진에 담긴 무심한 모습이 평소 내 모습이기 때문이죠. 그때의 입 모양을 유심히 봐주세요. 오랫동안 부정교합이거나 무의식적으로 이를 악물거나 음식물을 한쪽으로 씹는 버릇이 있으면 입매가 삐뚤어져 있을 겁니다. 입 모양은 표정에 가장 많은 영향을 끼치는 부분입니다. 그래서 최근에는 치아 치료뿐 아니라 입매를 교정해주는 치과도 늘어났습니다. 혹시라도 입 모양이 어색하다면 치아 관리를 받으면서 자연스러운 입매를 만드는 방법을 치과 의사에게 물어보기를 권합니다.

자신을 잘 관찰해보고 무엇을 더하고 뺄 것인지 자기 나름대로 설계도를 그린 다음에 전문가에게 물어보세요. 자신을 관찰할 때 주의할 점은 '결점'만 찾으려고 하지 않는 것입니다. 자신의 단점을 꼬집고, 결점을 메우기 위해 전문가에게 의지하는 게 아닙니다. 지금 가지고 있는 장단점을 상황이나 역할에 맞춰 적절히 개선하기 위해 전문가와 함께 머리를 맞대는 거죠. 그리고 '여자 친구에게 의견을 구하는 것'도 꼭 해보세요. 여자 친구들 중에서도 특히 바른대로 말하는 사람이 가장 좋습니다.

직설적인 사람을 가까이하라

전 세계에서 일하는 여성 동료들이 모이면 서로의 옷이나 화장에 대해서 활발히 의견을 교환할 때가 있습니다. 누가 잘나고 못 났는지 점수를 매기기 위해서가 아니라 서로의 이미지를 더 좋게 만들기 위해 멘토링(mentoring)을 해주는 겁니다. '그 원피스는 똑똑해 보여서 좋네요', '생기 없어 보이니까 좀 더 밝은 블러셔를 하는 게 어때요?'라고 말이죠.

전문가는 확실한 스타일링을 알려주지만, 나와 자주 만나지 않기 때문에 '평소의 나'를 잘 알지 못합니다. 요즘 유행하는 스타일을 알고 싶을 때는 잡지나 인터넷으로 충분한 정보를 얻을 수 있죠.

그러나 가장 나다운 옷차림은, 나와 나를 잘 아는 친구만이 완성할 수 있습니다. 또한 친구만이 '너한테는 안 어울려', '여기를 이렇게 하는 게 더 잘 어울릴 것 같아'라고 솔직하게 조언해줄 수 있죠. 그런 조언이 당신의 패션 감각을 키웁니다.

참고로 제가 만난 매력적인 사람들은, 조금 기분 나쁠 정도로 '직설적이고 솔직하게 말하는 사람'을 중요하게 생각했습니다. 그런 사람은 당신의 매력을 알아차리고 끌어내고 키워주는 강력한 조력자가 됩니다. 직책이 위로 올라갈수록 그런 친구는 소중합니다. 실력 있다고 평가받은 경영자일수록 듣기 싫은 말을 해줄 수 있는 사람을 가까이에 둡니다.

상대가 먼저 직언하기는 어려울 테니 당신이 먼저 솔직한 의견을 구해야 합니다. 가까운 사람한테 직설적인 비판을 들으면 상처받을 것 같고, 혹시라도 우정에 금이 가지 않을까 걱정이라면 '사실'과 '의견'을 구분해서 들으세요. 그러면 상처받지 않고도 이야기를 이해하고 받아들일 수 있습니다.

'사실'은 실제로 일어나고 있는 일이나 숫자 등 객관적인 정보이고, '의견'은 사실을 바탕으로 누군가가 주장하는 생각이나 느낌 등 주관적인 입장입니다. '사실'은 잘 변하지 않기 때문에 받아들였다 해도, '의견'은 사람에 따라 다르니 당신이 이해할 수 없거나 받아들이기 힘들면 그냥 흘려들으면 됩니다. 사실과 의견을 명확히 구분하여 들으면 자신의 입장을 더욱 확실히 할 수도 있습니다.

설령 상대에게 이해할 수 없는 말을 들었더라도 너무 상처받거나 휘둘릴 필요가 없습니다. 그 한 마디에 당신에 대한 평가가 올라가거나 내려가지는 않으니까요. 그것은 상대의 가치관을 바탕으로 한 의견이지 사실은 아니기 때문입니다. 반대로 '그 말도 일리가 있다'는 생각이 들면 상대의 지적에 감사하고, 자신을 고쳐나가야 합니다.

그렇게 가까운 사람의 관점을 통해 자신의 개성과 생각이 뚜렷해지는 것도 매력을 만드는 중요한 과정 중 하나입니다.

웃지 않는
용기를 가져라

단순한 미소가 행운을 만든다

<><><><><><>

컨설팅 회사에서 일하던 시절, 저는 매력적이라는 평판을 듣는 여러 부서의 사람들을 만났습니다. 그들에게는 한 가지 공통점이 있었는데, 바로 매력적인 미소를 가지고 있다는 것이었죠.

그들은 옷차림을 단정히 하고, 몸가짐을 공손히 하는 데도 신경을 썼습니다. 하지만 그런 아름다운 모습보다 '따뜻한 표정'과 '자연스러운 미소'에 마음이 끌렸습니다. 그들에게서는 아낌없이 행복을 나눠줄 듯한 너그러움이 묻어났습니다.

마더 테레사는 다음과 같이 말한 바 있습니다.

"사람들은 단순한 미소가 얼마나 많은 행운을 일으키는지 결코 알 수 없습니다(We shall never know all the good that a simple smile can do)."

저는 INSEAD에서 공부하는 동안 미소의 중요성을 알게 되었습니다. 미소를 띠는 것만으로도 행복감이 상승하고 일의 생산성도 올라간다는 걸 배웠죠. 웃으면 뇌에서 도파민과 세로토닌이 분비되어 행복감을 높여주고 스트레스를 낮춰주는 효과가 있다는 건 이미 잘 알려져 있죠. 그뿐 아니라 미소는 보는 사람의 마음을 녹이고, 그에게 '나는 당신의 적이 아니다'라는 메시지를 전달하는 효과도 있습니다.

20세기를 대표하는 할리우드 스타 중 하나인 메릴린 먼로도 과거 한 인터뷰에서 미소의 효과에 대해 말했습니다. 그녀는 매일 학교에서 집까지 4킬로미터를 걸어 다녔는데, 가끔씩 길에서 만난 동네 사람이 방긋 웃어주면 똑같이 미소로 답했다고 합니다. 그 덕분에 타인과 관계를 맺는 법을 배웠고, 결국 스타의 자리에 오를 수 있었다더군요. 그녀는 미소가 매력을 만들어내고 주변 사람들로부터 호감을 얻는 힘이라는 걸 깨달은 것이죠.

이렇듯 멋진 미소는 그 사람의 매력을 형성하는 한 가지 요소입니다. 그러나 늘 미소를 지어야 하는 것은 아니며 사실 그럴 수도 없습니다.

넘치는 것은 모자람만 못하다

◇◇◇◇◇◇◇◇

그동안 우리는 항상 미소를 지으라고 배웠습니다. 미소는 상대에게 호감을 주고 '나는 당신의 적이 아니다'라고 본능에 호소하는 표정이기 때문이죠. 미소가 넘치는 여성은 매력적이지만, 그렇다고 해서 싫은 일을 당하거나 불만이 있을 때도 늘 미소를 지어야 할까요? 그게 과연 매력적으로 보일까요?

런던을 중심으로 전 세계의 여성 경영자와 리더에게 '자신감 있는 행동'을 가르치고 있는 한 여성 컨설턴트는 이렇게 말했습니다.

"여성은 평소에 지나치게 미소를 짓고 있어요. 그것도 어울리지 않는 상황에서 말이죠. 항상 생긋거리고 싫은 일이 있어도 부당한 취급을 당해도 무심코 웃으며 사과합니다. 그러면 상대방은 당신이 저자세를 취했다고 생각해요. 물론 미소도 중요하죠. 그렇지만 적절치 않은 상황에서는 미소를 자제하는 게 더욱 자신감 넘치고 매력적으로 보입니다."

동서양의 문화를 비교한 결과 동양 여성보다 서양 여성이 자기 의견을 가지고, 자신 있게 행동하는 경향이 있다고 밝혀졌습니다. 그런 서양에도 '금세 자신감 없는 것처럼 소극적'이 되거니 '왠지 모르게 실없이 웃어버리는' 여성이 여전히 많다고 하는데, 하물며 동양은 어떨까요?

평소 '여성의 자신감 있는 행동'에 대해 연구한 그녀는, '항상 미소를 띠며 부드러운 사람'은 특히 부하나 후배가 있는 자리에는 어울리지 않는다고 강조합니다. '단호한 표정'과 '온화한 미소'를 적절하게 사용할 수 있는 사람이 상대에게 강한 인상을 주고 신뢰를 얻기 때문이죠.

'일단 웃자. 웃으면 갈등을 피할 수 있고 인간관계도 원만해질 거야.'

이런 생각으로 기분이 안 좋을 때에도 늘 미소를 짓는다면 마음이 지칠 뿐 아니라 신뢰할 수 없는 사람으로 보입니다. '항상 미소를 짓는다'고 해서 반드시 매력적으로 보이는 것은 아니죠. 특히 비즈니스를 할 때는 이 사실을 꼭 염두에 두어야 합니다.

제가 하는 코칭 수업이나 세미나에 참가하는 여성들은 언제나 멋진 미소를 띠고 있습니다. 그런데 속내를 파고들어 가보면 다음과 같은 고민을 안고 있는 경우가 있습니다.

'저는 스스로를 소중히 생각할 수가 없어요.'

'왠지 모르겠는데 항상 사람들한테 무시를 당해요.'

그들에게는 대체로 '부당한 취급을 받아도 항상 웃는' 습관이 있더군요. 기분 나쁜 일이 있다고 늘 얼굴을 찌푸리고 있는 것은 사회인으로서의 매너가 아닙니다. 그렇다고 중요한 상황에서 실없이 웃거나, 부당한 취급을 받아도 계속 태연한 척하면 자존감마저 떨어지고 맙니다. 너무 티 나게 싫은 얼굴을 할 필요도 없지만 항상 웃을 필요도 없습니다. 단호하고 성실한 표정이면 충분합니다. 다시 말해 때로는 '웃지 않는 용기'를 가져야 합니다.

얼굴은 나의 인격이다

지금까지 매력의 요소 중 하나인 '외모', 그중에서도 표정, 화장, 복장이 사람에게 지대한 영향을 준다는 이야기를 했습니다.

매력적인 외모는 상황과 직책, 직종에 얼마나 잘 어울리는가, 얼마나 일관성 있게 표현하는가에 달려 있습니다. 이것을 잘 조절하면 만남과 기회를 늘릴 수 있는 외모 프리미엄이 작용하지만, 그러지 못할 경우에는 외모 페널티라는 역효과를 맛볼 수 있습니다.

중요한 회의를 하거나 일에서 고비를 맞이할 때도 외모가 중요한 역할을 합니다. 좀 더 매력적인 외모를 가꾸고 싶다면 스타일리스트나 메이크업 전문가에게 조언을 구하는 게 가장 빠른 지름길입니다. 동양인 여성의 경우 습관처럼 자주 웃는 경향이 있는데, 이는 자칫 가벼운 사람이라는 인상을 줄 수도 있습니다. 따라서 미소도 적당히 자제하는 것이 좋습니다.

또한 외모를 가꿀 때에는 '왜 가꿔야 하는지' 그 목적을 생각해봐야 합니다.

'좋은 인상을 남겨서 사람들에게 관심을 받고 싶다.'

'회사에서 내 의견이 더 반영될 수 있도록 중요한 사람이 되고 싶다.'

이렇게 자신의 최종 목표를 확실히 자각하면 불필요한 아름다움을 추구하려고 초조해하지 않습니다. 그 반면에 목적 없이 외모를 가꾸는 사람들은 다이어트와 스타일링에만 집중합니다. 예를 들면 슈퍼 모델이 하는 무리한 운동을 그대로 따라 하거나 잡지에 소개된 유행하는 옷을 그대로 입는 것이죠.

이제부터는 '신뢰감을 주는 옷을 고른다', '프레젠테이션에서 주목받을 수 있게끔 화장을 한다'와 같이 목표를 명확히 해보세요. 그리고 목표를 이루기 위해 매력적인 외모를 갈고닦는 데 힘써보세요.

평생 자신의 미의식을 소중히 지켜온 디자이너, 코코 샤넬은 다음과 같이 말했습니다.

"20대의 얼굴은 자연이 만들고, 30대의 얼굴은 삶이 만들며, 50대의 얼굴은 본인이 만든다."

이 말처럼 장래의 자기 얼굴은 본인 스스로가 만들어가는 것입니다. 오늘부터 어떻게 살아가는지에 따라 우리의 매력은 커질 수도 작아질 수도 있는 것이죠.

일도 사람도 내 것으로 만드는 매력 습관 3

 매력 빈자

"뭘 하든 예쁘기만(또는 멋지기만) 하면 그만이지 뭐!"

"부러우면 그냥 부럽다고 하면 되지. 어디서 감히 (외모)
  지적질이야?"

'내가 잘못한 것도 아닌데 왜 나한테 화내는 거야?
  어이없어 정말! 그래도 괜히 분란 일으키는 것보다는
  웃어넘기는 게 낫잖아. 웃자, 웃어!'

→ 언제 어디서나 자신이 돋보여야 직성이 풀린다.

 매력 부자

'오늘은 뭘 입지? 중요한 회의가 있으니까 너무 튀는 옷은
  피하는 게 좋겠어.'

"불러서 추천해줘서 고마워. 성기 없어 보이는 건 생각지
  못했거든."

'이렇게 부당한 취급을 받을 때는 웃지 말아야 해.
  좋게 넘어가니까 함부로 대하는 거야. 때로는 단호한
  표정도 필요해.'

→ 때와 장소, 상황에 맞게 자신을 드러낸다.

must have 4

∞

몸짓

"몸짓만 바꿔도
관계가 좋아진다"

몸짓의 95%는
무의식이 결정한다

몸짓이 인간관계를 망친다

당신은 평소에 자신이 어떤 몸짓을 하고 있는지를 생각해본 적이 있나요?

리더십 연구의 일인자인 INSEAD의 맨프레드 케츠 드 브리스 교수에 따르면 우리 몸짓의 90~95%는 무의식중에 하는 행동이라고 합니다. 이 무의식에는 자기애, 의존적, 게으름 같은 성향이 있으며, 때로는 '모 아니면 도'와 같이 극단적인 경향도 존재합니다. 그리고 무의식을 움직이는 것은 죽음, 고독, 구속, 무의미 대한 공포입니다.

인간에게는 '위험한 일은 하고 싶지 않다', '혼자이고 싶지 않다', '자유롭고 싶다', '의미 있는 일을 달성하고 싶다'는 욕구가 있습니다. 그래서 그런 상황이 닥치면 아주 민감하게 반응합니다. 자기도 모르게 네 가지 공포에 행동을 규정당하기 때문이죠. 의식하지 않으면 자기중심적인 태도를 취하기 쉽고, 그것이 행동으로도 나타나게 됩니다.

예를 들어 다른 업계 사람들과 처음 만나는 자리에 나갔는데, 분위기가 너무 호화로워서 기가 죽었다고 합시다. 그러면 저도 모르게 이런 공포심이 생깁니다.

'혼자 떨어져 있고 싶지는 않지만 다른 사람한테 말을 걸었다가 무시당하는 것도 무섭다.'

정신을 차려보면 구석에서 땅만 보거나 새우등을 한 채 스마트폰만 만지작거리고 있죠. 자신감 없는 태도로 쭈뼛거리고, 누가 말을 걸어도 긴장해서 눈도 제대로 못 마주치기 때문에 수상한 사람으로 오해받기 십상입니다. 반대로 자신이 소심하다는 걸 감추고 싶어서 고압적이고 거만한 태도를 취하기도 하죠.

콤플렉스가 심하고 남을 무시해야 자신감이 생기는 사람은 턱을 들어 올립니다. 자신이 다른 사람보다 위에 있다는 걸 표현하는 셈이죠. 자신의 약점을 남에게 보이는 걸 두려워하는 사람은 팔짱을 끼는 경우가 많습니다. 거리를 두기 위해서죠. 이런 몸짓은 사람들에게 좋은 인상을 주지 못합니다.

　이렇게 인간관계를 망치는 주범이 되는 몸짓을, 우리는 공포심 때문에 무의식적으로 취하고 맙니다.

　눈도 못 마주치고 스마트폰을 만지작거리는 사람에게 '당신이 좋다'는 말을 들으면 여러분은 어떤 기분이 들까요? 과연 그 말을 믿을 수 있을까요? 그렇지 않을 겁니다.

　메시지는 말보다 태도로 더 잘 전달됩니다. 따라서 무의식적으로 하는 몸짓을 최대한 의식해보고, 평소에 어떤 몸짓을 하고 있는지도 돌이켜보세요. 그 안에 어떤 공포와 불안이 숨어 있는지를 생각해보는 것도 좋습니다.

좋게 만들 수 없다면
── 적어도 좋아 보이게 ──
만들어라

당신을 꿰뚫어볼 수 있는 몸짓

우리는 타인의 몸짓에, 타인은 우리의 몸짓에 지대한 영향을 받습니다. 현재 많은 학자들이 몸짓의 효과와 몸짓이 다른 사람의 판단에 끼치는 영향에 대해서 연구하고 있습니다.

미국의 터프스 대학은 의사와 환자가 주고받은 실제 대화를 촬영한 30초짜리 무음 비디오 영상을 보고, 추후에 의사가 소송을 당하는지 아닌지를 알 수 있다고 밝혔습니다. 의사의 몸짓을 보면 어떻게 될지를 예측할 수 있다더군요.

저는 기업의 리더, 임원과 경영자를 코치할 때 그 사람의 몸짓에 집중합니다. 몸짓을 보면 그가 평소 부하에게 어떤 평가를 받고 있을지 추측할 수 있으니까요. 예를 들어 360도 평가(다면평가)에서는 '나쁘지 않은 결과'가 나왔더라도(현장 평가가 훌륭하지 못한 상사는 '자신을 나쁘게 평가하지 않을 부하'를 평가자로 고를 수 있기 때문에 믿을 수 없는 경우가 있습니다), 인사부나 현장에서 이야기를 들어보면 위압적인 몸짓을 자주 하는 상사의 부하는 휴직률이 높았습니다. 반대로 성실한 몸짓을 자주 하는 상사의 부하는 많은 활약을 하고 있더군요. 그래서 저는 그들에게 '무의식적인 몸짓'도 바꾸라고 강조합니다.

기업의 리더, 임원과 경영자가 아니더라도 우리의 몸짓은 다른 사람에게 지대한 영향을 줍니다. 평소 자신이 어떤 몸짓을 하는지, 일상에서는 가족이 지적해줄지도 모르지만 비즈니스에서는 아무도 지적해주지 않습니다. 특히 직위가 올라갈수록 지적해주는 사람은 줄어듭니다. 그래서 연차나 직위가 올라갈수록 코치를 받아야 하죠. 아니면 평소부터 서로를 지적해줄 동료를 만들어둬야 합니다.

몸짓을 바꾸면 인생이 바뀐다

◇◇◇◇◇◇◇

하버드 대학 경영 대학원의 에이미 카디 교수는, 몸짓은 주변 사람뿐 아니라 자기 자신에게도 엄청난 영향을 준다는 연구 결과를 발표했습니다.

입꼬리를 올리면 기분이 좋아진다는 이야기를 들어본 적이 있을 겁니다. 그것과 마찬가지로 손을 크게 벌려 '힘 있는 자세'를 취하면 자신감이 생기는 호르몬이 분비되고, 몸을 바짝 움츠려 '약한 자세'를 취하면 정말로 자신감이 사라진다고 합니다.

자신감을 나타내는 자세를 자주 취하는 사람은 행동력이 있고, 리스크를 감수하며, 낙천적인 생각을 하기 때문에 결과적으로 스스로 기회를 넓혀갑니다.

자신감은 매력에서 빠질 수 없는 요소입니다. 그런데 '자신감 있는 자세'를 취하는 것만으로도 '정말 자신감이 생긴다'고 하니 너무나 다행입니다. 뒤에서 고릴라 자세를 설명할 텐데, 딱 2분만 이 자세를 취하면 남성 호르몬 중 하나인 테스토스테론이 20% 증가하면서 자신감이 올라간다고 합니다.

몸짓은 타인이 나를 어떻게 보는지뿐 아니라, 자신이 스스로를 어떻게 생각하고 느끼는지도 결정합니다. 몸짓은 마음과 행동에 영향을 줍니다. 따라서 행동이 바뀌면 인생도 바뀝니다.

인생을 바꾸고 싶거나 경력을 쌓고 싶을 때, 비전을 명확히 하고 싶거나 인간관계를 좋게 만들고 싶을 때, 팀과 조직을 바꾸고 싶을 때는 자신의 내면을 바라보고 자기분석으로 끝낼 것이 아니라, 우선 몸짓을 바꿔보세요. 그렇게 하면 매력이 당신의 무기가 되어 틀림없이 당신의 행동을 바꿔줄 것입니다.

1초 만에 매력적인
몸짓을 만드는 법

말보다 몸짓이 중요하다

◇◇◇◇◇◇◇

'매력적인 몸짓'이라는 말을 들으면 어떤 동작이 떠오르나요?
정중한 인사법이나 스마트하게 명함을 건네는 법 등 매너와 관
련된 행동, 또는 머리카락을 쓸어 올리거나 꼬았던 다리를 바꾸
는 자세를 상상할지도 모릅니다.

이미 짐작했을지도 모르지만, 이번 장에서 소개할 매력적인
몸짓이란 그런 것들이 아닙니다. 지금까지 말한 것처럼 여기서
말하는 매력이란, 만남과 기회를 극대화하고 다른 사람을 사로잡
아 자신의 인생과 비즈니스를 성공으로 이끌기 위한 것입니다.

앞 장에서 이야기한 외모는 바꾸는 데 조금 시간이 걸리지만 몸짓은 지금 당장이라도 바꿀 수 있습니다. 그것도 단 1초 만에 말이죠.

먼저 다른 사람 앞에서 말할 때의 몸짓에 대해 살펴보죠. 비즈니스를 할 때는 다른 사람 앞에서 말할 기회가 많습니다. 프레젠테이션, 회의, 채용 면접 등 아주 다양하죠. 그런데 여러 사람 앞에서 말하는 걸 어려워하는 사람이 적지 않습니다. 그들은 회의에서 발언하거나 스피치를 할 때 자신의 순서가 오는 걸 두려워합니다. 도망치고 싶을 정도로 말이죠. 사실은 저도 오랫동안 남들 앞에서 말하는 걸 잘 못했습니다.

INSEAD에서는 날마다 모두 앞에서 말하는 시간이 있었는데, 그때마다 자연스럽고 당당하게 말하는 동급생들을 보며 감동했습니다.

창업을 하고 해외에서도 일하다 보니 각 분야의 내로라하는 전문가들을 만날 기회가 많았죠. 세계 최고의 마케터를 비롯해 코치, 사진가, 학자 들을 지켜보며 깨달은 바가 있습니다. 분야와 업계, 연령과 국적에 상관없이 그들은 하나같이 매력적으로 보였는데, 그 이유는 말할 때의 표정과 몸짓의 영향이 크다는 것입니다.

차분하고 우아하게 행동하는 사람은 자신감이 넘쳐 보이고,

이야기도 설득력 있게 들립니다. 그런 사람들의 몸짓을 분석하고, 따라 해볼 수 있도록 정리했습니다.

Tip 자신감을 높이는 연습

· 아무도 보지 않는 곳에서 고릴라 자세를 취한다

화장실 또는 아무도 없는 회의실 등에서 양손을 크게 벌려보세요. 아침에 눈을 떴을 때 스트레칭하면서 심호흡을 하듯 말이죠. 예를 들면 양손을 최대한 머리 위로 올린 다음 큰 원을 그리면서 천천히 내리는 겁니다. 간단한 자세이지만, 그대로 따라 하면 주변 사람에게 당당한 사람으로 보일 뿐 아니라 스스로도 자신감이 생긴 듯한 느낌을 받습니다. 이 자세를 가능한 한 천천히 되풀이해보세요.

이것이 바로 고릴라 자세입니다. 인류가 고대부터 자신감이 있을 때 무의식적으로 취했던 자세라고 합니다. 브리티시 콜롬비아 대학의 제시카 트레이시 교수가 연구한 바에 따르면 스포츠 경기에서 이겼을 때 사람들은 이 자세를 취한다고 합니다. 눈이 보이는 사람뿐 아니라 태어날 때부터 눈이 보이지 않는 사람도 마찬가지랍니다. 누구에게 배운 적도 없는데 말이죠.

프레젠테이션을 하기 전이나 소중한 사람과 만나기 전, 다시 말해 중요한 상황을 앞두고 있을 때 이 자세를 취해보세요. 그러면 그 자리에서 당당하게 행동할 수 있습니다. 또한 자신감이 생기고 스트레스 내성이 높아져 타인에게도 매력적으로 보일 수 있습니다.

Tip 프레젠테이션을 돋보이게 하는 법

• 미소를 지으며 큰 목소리로 말한다

첫인상이 모든 것을 결정한다는 말이 있죠. 그만큼 첫 마디를 할 때의 표정과 목소리가 그 후 다른 모든 것에 영향을 줍니다. 얼굴에 미소를 띠며 최대한 큰 목소리로 말해보세요. 이때 큰 목소리를 내지 못하면 뒤로 갈수록 점점 더 목소리가 작아지고 맙니다. 목소리가 작으면 자신감이 없어 보입니다.

이것은 타이밍도 중요합니다. 면접을 볼 때는 방에 들어가서 면접관과 눈이 마주친 순간, 회의나 프레젠테이션을 할 때는 첫 인사를 건네는 순간에 실천하는 게 좋습니다.

참고로 저는 다른 사람 앞에서 말할 때 너무 긴장한 나머지 목소리가 떨리는 경우가 있습니다. 이때는 '처음 뵙겠습니다', '안녕하세요' 같은 첫 인사말을 평소 목소리보다 두 배정도 크게 말합니다. 그러면 긴장감이 사라지고 그 후에도 목소리가 떨리지 않습니다. 목소리의 크기, 높이, 속도에도 신경 써야 합니다.

• 손은 허리 위에서 움직인다

손은 항상 배보다 위쪽에 두세요. 손을 움직일 때는 허리위에서 움직이는 게 역동적으로 보입니다. 그리고 중요한 이야기를 할 때는 얼굴 옆에 두는 게 좋습니다.

손이 움직이는 곳으로 사람들의 시선도 따라오게 마련입니다. 표정과 함께 주목받을 수 있도록 상반신에서 손을 움직이세요. 이때 손의 위치가 어깨 위로 넘어가지 않고, 배꼽 아래로 내려가지 않게 주의해야 합니다. 이야기를 할 때, 손을 아래쪽에 두고 꼼지락거리면 상대방은 당신의 말에 집중하지 못합니다.

자신의 생각을 전할 때, 말과 표정뿐 아니라 효과적인 몸짓에도 신경을 쓰면 상대에게 강한 인상을 남길 수 있습니다.

• 동작을 시작할 때와 끝낼 때는 움직이지 않는다

상반신에서 손을 움직이고 있어도 왠지 불안해 보이는 경우가 있습니다. 왜 그럴까요? 손동작의 시작과 끝이 흔들렸기 때문이죠. 화이트보드에 써 있는 글자를 손으로 가리킨다고 해봅시다. 일단 손으로 글자를 가리키면 잠시 움직임을 멈추세요. 글자를 가리킨 손가락이나 손이 흔들리지 않도록 주의하세요. 이때 손끝뿐 아니라 몸 전체의 움직임도 마찬가지입니다. 휘청거리지 말고, 동작을 시작할 때와 끝낼 때는 잠시 멈춰야 합니다.

• 한 문장이 끝날 때 시선을 이동하라

사람들은 타인과 눈을 맞추는 걸 어려워합니다. 상대방을 너무 뚫어지게 바라보거나 아예 눈길을 주지 않으면 무례하다고 생각되기 때문이죠. 어느 순간에 시선을 돌려야 할지 몰라 안절부절못하는 경우가 많은데, 한 문장이 끝날 때가 가장 적절합니다. 문장의 도중이 아니라 마치거나 쉬어갈 때 시선을 이동하면서 모두와 눈을 맞추세요.

• 허리를 바르게 편다

고릴라 자세가 자신감을 나타내는 대표 동작이라면 새우

등은 약함을 나타내는 대표적인 자세입니다. 하이힐을 신으면 새우등이 되기 쉽다고 하니 주의하시기 바랍니다. 백해무익한 자세니까요.

목을 늘리듯이 양어깨를 귀에서 멀리 떨어뜨리고 견갑골은 내리세요. 쇄골을 좌우로 넓히면서 가슴은 앞으로 나오지 않게 합니다. 귀와 어깨의 라인을 맞춰보세요. 그러면 자연스럽게 어깨가 펴집니다. 이것이 아름다운 자세를 만듭니다.

자세가 인상을 결정한다

아름다운 자세는 매우 중요합니다. 일류라 불리는 사람들, 일을 잘하는 사람들, 멋지다는 말을 듣는 사람들 중에서 자세가 나쁜 사람을 저는 본 적이 없습니다. 자세가 얼마나 매력적인 인상에 영향을 주는지 체감하기 위해서 늘 다음과 같은 실험을 합니다.

처음 만나는 상대에게 명함을 건넬 때 "처음 뵙겠습니다"라는 말과 함께 자기소개 하기입니다. 아주 간단하죠? 이 실험을 '어깨 폭을 좁혀 움츠린 만든 자세'와 '어깨 폭을 넓혀 허리를 편 자세', 이렇게 두 가지로 해보고 상대가 어떤 인상을 받는지를 비교합니다.

결론부터 말하면 어깨를 움츠렸을 때와 허리를 폈을 때, 똑같은 인사말을 해도 상대방이 받아들이는 인상에는 엄청난 차이가 나더군요.

대부분의 경우, 어깨를 움츠렸을 때는 '존재감이 약하다', '어두워 보인다', '자신감이 없어 보인다', '도움이 안 될 것 같다'라는 부정적인 인상을 느꼈습니다. 그 반면에 허리를 폈을 때는 '성격이 밝고 좋아 보인다', '자신감이 있어 보이고 일도 잘할 것 같다', '신뢰할 수 있을 것 같다'라는 정반대의 인상을 받았습니다. 제가 경험한 바에 따르면 새우등이 매력적으로 보인 경우는 단 한 번도 없었습니다.

지금 당장 자신의 자세를 살펴보세요. 만약 새우등이라면 바로 고쳐야 합니다. 자세에 의식을 집중하면 '바르지 않은 자세'보다 '바른 자세'로 지내는 시간이 늘어나게 됩니다.

제가 전 세계에서 만난 매력적인 사람들은 남들 앞에서 말할 때 이런 자세를 취했습니다. INSEAD에서 석사 과정을 밟을 때, 한 저명한 학자의 특별 강의를 들은 적이 있습니다. 그는 새우등인데다가 학생들과 눈도 잘 못 맞추고 몸짓이나 손짓도 거의 없었죠. 강연 내용은 대단히 좋았는데도, 중간부터 학생들 태반이 이야기를 듣지 않았습니다. 강연에 대한 평가도 '내용 이전에 강연자가 매력적이지 않다'는 차가운 반응이었죠. 이처럼 말의 내용이 아무리 훌륭해도 몸짓이 좋지 않으면 제대로 전달되지 않습니다.

누군가와 이야기할 때, 많은 사람 앞에서 말할 때, 자신이 어떤 몸짓을 하는지 파악하고 있는 사람은 아마도 많지 않을 것입니다. 따라서 자신이 말하고 있는 모습을 스마트폰 등으로 녹화해보는 것을 권합니다.

중요한 프레젠테이션을 맡은 경우, 많은 사람들이 당일에 발표할 원고를 쓰고 시간을 재면서 읽는 연습을 몇 번이나 반복합니다. 이때 말하는 방식에도 그만큼 주의를 기울여보세요. 내용을 암기하는 것보다도 매력적으로 말하기 위한 방식을 체크해보세요. 예를 들면 '목소리 톤은 듣기 편한가', '말의 속도가 너무 빠르지는 않은가', '두리번거리고 있지는 않은가', '신뢰할 수 있는 표정을 짓고 있는가'와 같은 점을 확인해보는 것이죠.

몸짓만 바꿔도
인간관계가 좋아진다

호감을 부르는 네 가지 몸짓

◇◇◇◇◇◇◇◇

지금까지 다른 사람 앞에서 말할 때의 매력적인 몸짓에 대해서 이야기했습니다. 이제부터는 좀 더 일상적인 상황에서 활용할 수 있는 매력적인 몸짓에 대해 소개하겠습니다. 지금 당장 인간 관계가 좋아지고 매력적으로 보이는 몸짓입니다.

· 일하던 손을 멈춘다

상대방의 이야기를 들을 때 손을 움직이는 사람이 의외로 많 습니다. 예를 들어 컴퓨터 화면을 보면서 일하고 있을 때 누군가가 말을 걸면 입으로만 대답하면서 건성으로 응대하지는 않나요? 키보드를 두드리는 손을 멈추지 않은 채 말이죠. 또는 스마트폰을 만지작거리면서 대답하는 경우는 없나요?

제대로 이야기를 들었고 내용도 이해했으니까 괜찮다거나 일을 중단하는 것보다는 일을 하면서 이야기를 듣는 게 효율적이라고 생각할지도 모릅니다. 하지만 상대방은 '내 이야기를 제대로 듣고 있는 걸까?'라는 생각에 불쾌해집니다. 흘려듣고 있는 건 아닌지 걱정할 수도 있고요. 손을 멈추면 일의 효율이 떨어진다고 생각하는 사람도 있는데, 사실은 그렇지 않습니다. 손을 멈추든 아니든 일의 효율성에는 그다지 차이가 나지 않습니다. 그러나 이 작은 몸짓 하나로 상대방에게 주는 인상에는 엄청난 차이가 생기죠. 따라서 이야기를 들을 때는 작업하던 손을 멈추고 상대방의 눈을 바라보세요. 이런 사소한 몸짓이 당신을 매력적으로 보이게 합니다.

• 무릎은 상대방에게 향한다

등 뒤나 책상 옆쪽에 앉아 있는 사람이 말을 거는 경우, 상반신만 틀어서 상대방과 이야기를 하지는 않나요? 이때 설령 손을 멈추고 이야기를 듣는다 한들 상대방에게는 '내 말에 집중하지 않는다'는 인상을 줍니다. 따라서 그 경우에는 반드시 말하고 있는 상대방을 향해 무릎을 돌려보세요. 손을 멈추고 무릎을 상대방에게 향하는 것. 이것이 '당신의 말을 잘 경청하고 있다', '당신을 신뢰하며 이야기를 듣고 있다'는 마음을 전달하는 몸짓입니다.

상담이나 격식을 차려서 이야기할 때뿐 아니라 사소한 잡담을 할 때도 무릎의 방향이 상대방을 향하도록 하세요. 그러면 상대방은 '나를 중요하게 생각하고 있구나' 하고 느낄 수 있기 때문에 관계가 더욱 돈독해질 것입니다.

• 자신의 경험을 덧붙이지 않는다

맞장구도 몸짓의 일부분입니다. 우리가 무의식적으로 하는 행동 중 하나가 상대방에게 맞장구칠 때 말을 끊고 자신의 경험부터 이야기하는 것입니다. 이것은 '나는 우월한 존재이다', '무능하게 보이고 싶지 않다'는 무의식적인 콤플렉스를 나타내는 행동이죠.

예를 들어 얼마 전에 할머니가 돌아가셔서 슬퍼하는 후배가 있다고 합시다. 이때 후배의 말을 끝까지 듣지 않고 중간에 끊으면서 '우리 할머니도 10년 전에 돌아가셨는데 일주일이나 슬프더라고'처럼 자신의 말을 덧붙이거나 자신의 경험과 동일시하는 것은 삼가야 할 행동입니다 설령 친척의 죽음이라 해두 상대방과 자신의 경험, 슬픔은 별개입니다.

이 경우에는 자신의 이야기를 하면서 공감을 표현하는 게 아니라 상대방의 말을 잘 들어주는 것이 중요합니다. 무의식적으로 어떻게든 자신의 경험을 덧붙이고 싶어 하는 사람은 각별한 주의가 필요합니다(대부분의 경우, 본인은 깨닫지 못하고 타인도 지적하기 어려운 점입니다).

잘 들어주기만 해도 인간관계가 좋아집니다. 따라서 다른 사람의 이야기를 들을 때 자신이 무의식적으로 취하는 태도에 주의를 기울여야 합니다.

목소리는
그 사람의 인상이다

인상을 결정짓는 목소리 사용법

◇◇◇◇◇◇◇◇

목소리도 사람을 매력적으로 만드는 요소 중 하나입니다. 목소리의 크기, 높이, 속도, 활기 그리고 간격을 의식해보세요. 크고 나지막한 목소리로 천천히 뱃속 깊숙한 곳에서 끌어올린다는 생각으로 간격을 두면서 말해보세요. 일반적으로 이것이 자신감 있는 말하기 방식이라고 알려져 있습니다.

목소리는 그 사람의 인상을 결정하는 데 지대한 역할을 합니다. 회사에서 작은 목소리로 소곤소곤 말하면 '적극성과 의욕이 느껴지지 않는다', '말에 자신감이 없다', '어두워 보인다' 등이 오해를 받을 위험이 있습니다. 밝고 쾌활하며 설득력 있는 대화를 하기 위해서는 어느 정도 크고 명료하게 들리는 목소리가 필요합니다.

제가 존경하는 어느 여성 기업가는 말이 매우 빠릅니다. 짧은 시간에 자신이 가진 열정과 비전을 모두 말하려고 하기 때문에 듣는 쪽이 집중하지 않으면 이야기를 놓치고 맙니다. 그런데도 전혀 싫다는 생각이 들지 않습니다. 왜냐하면 큰 목소리로 활기차게 눈을 빛내면서 말하기 때문이죠. 말을 빨리하는 것조차 그녀가 하고 있는 사업의 속도를 연상시켜 매력적으로 보입니다. 융통성 없이 교과서적으로 평가할 게 아니라 종합적인 인상으로 파악하는 게 좋습니다.

저도 큰 목소리로 말하는 걸 잘 못합니다. 그래서 보이스 컨설팅을 받아보라고 권유받은 적이 있습니다. 자신감 넘치는 목소리를 내는 방법을 배우려면 전문가의 지도가 필요하지만, 스스로 오늘부터 실천할 수 있는 세 가지 방법이 있습니다. 다음과 같은 점을 주의하면서 말하면, 목소리를 내는 법도 쉽게 바꿀 수 있습니다.

1. '누구'와 말하는가

일대일로 말하는 경우, 상대방의 특징에 맞는 목소리와 화법에 신경 쓰면 서로 기분 좋은 대화를 나눌 수 있습니다. 예를 들어 '목소리가 큰 사람이라면 나도 크게 말하기', '목소리 톤이 낮은 사람이라면 나도 톤을 낮춰 말하기', '몸이나 손동작이 큰 사람이라면 나도 동작을 크게 하면서 말하기', '눈을 똑바로 보고 말하는 사람이라면 나도 시선을 피하지 않고 말하기'와 같이 말입니다. 상대방의 목소리와 몸짓을 그대로 따라 해보세요.

2. '어디서' 말하는가

여러 명을 상대로 이야기하는 경우, 미리 장소의 크기를 파악하는 것도 중요합니다. 특히 목소리가 크지 않은 사람에게는 장소의 크기를 아는 것이 유리한 정보입니다. 만약 장소가 넓다면 미리 마이크를 준비할 수 있기 때문이죠. 자신의 목소리가 최대한 매력적으로 들릴 수 있도록 환경을 정비해두는 게 좋습니다.

3. '어떤 사람으로 보이게' 말하는가

목소리를 내거나 말하는 방식을 바꾸기만 해도 당신의 인상이 달라집니다. 예를 들어 작은 목소리로 빠르게 말하던 사람이 낮은 목소리로 천천히 말하면 '왠지 초조한 사람'에서 '차분한 사람'으로 인상이 바뀝니다. 또한 억양 없는 톤으로 느긋하게 말하던 사람이 높은 톤으로 밝게 말하면 '우둔한 사람'에서 '쾌

활한 사람'으로 인상이 바뀝니다. 따라서 인상을 바꾸고 싶다면 '어떤 사람으로 보이고 싶은지' 먼저 결정부터 하세요.

키나 얼굴 생김새는 바꾸기 어려워도 목소리는 노력하면 누구나 쉽게 원하는 대로 바꿀 수 있습니다. 매력적인 목소리는 지금부터 얼마든지 만들어낼 수 있다는 걸 기억하세요.

매력적인 몸짓이란 특별한 게 아니라 우리 일상에서 자주 나타나는 작은 습관입니다. 조금만 의식해서 행동하면 매력 있는 사람으로 거듭날 수 있죠. 너무 어렵게 생각하지 말고 지금 바로 실천해보세요.

대체할 수 없는
나만의 경쟁력을
만들어라

있어 보이게 연출하라

◇◇◇◇◇◇◇◇

'외모'에서는 상황, 업종, 역할에 어울리는 옷차림을 하는 게 중요하다고 말했습니다. 물론 '몸짓'에서도 마찬가지입니다. 한편 깊은 인상을 남기고 싶을 때는 '차이'를 연출해보세요. 예를 들면 당신의 경력과 외모에서 풍기는 이미지와 몸짓에서 연상되는 이미지를 다르게 만들어서 상대방에게 강한 인상을 주는 거죠. 면접을 보거나 프레젠테이션을 할 때 한번 시도해보세요.

제 경우를 예로 들자면 와세다 대학에 다니던 시절, 다른 학생들보다 취업 준비가 늦어서 너무나 초조했습니다. 재수를 한데

다가 대학원까지 다녔고, 전공은 성인 교육학으로 언뜻 봐도 비즈니스와는 그다지 관계없어 보이는 학문이었죠. 그때 저는 커뮤니케이션에 관련된 일을 하고 싶어서 PR 회사와 광고 대행사 등에 지원했습니다. 그러나 한창 불경기인 탓에 '대학원까지 다닌 문과 여자는 취직이 어렵다'는 말을 수없이 들었죠. 고만고만한 실력을 갖춘 사람들 속에서 살아남으려면 어떻게 해야 할까? 수없이 고민한 끝에 나만의 경쟁력을 만들어야 한다는 결론에 이르렀죠. 그래서 취업 준비를 하는 동안 '인상 깊은 자기소개'를 하는 데 몇 배나 신경을 썼습니다.

Tip 기억에 남는 자기소개를 하는 방법

1.경력과 외모를 객관적으로 분석한다

먼저 제 경력과 외모를 객관적으로 분석했습니다. '대학원', '교육학', '교직원 면허 취득', '박사 논문의 주제는 이민 교육'이라는 이력은 왠지 성실하고 공부를 좋아할 것 같은 인상이었습니다. 외모는 수수한 얼굴에 차분한 인상이며, 가끔 차가워 보인다는 말도 듣곤 했습니다.

취업 준비를 할 때는 보통 단정한 옷차림과 화장을 하기 때문에 이대로라면 성실한 모습만 더욱 강조될 듯싶었습니다. 그렇다고 화려한 옷차림과 화장을 할 수도 없는 노릇이었죠. 그러면 외모 페널티가 적용될 수도 있기 때문입니다. 고민 끝에 저는 성실함을 포기하지 않기로 했습니다.

2. 친구와 함께 장단점을 꼬집어본다

자기 PR이나 지망 동기를 말하는 모습을 영상으로 녹화한 다음 친구와 함께 보면서 서로 장단점에 대해 꼬집어봤습니다. 녹화된 영상을 함께 보고 깨달은 점은 '외모도 성실해 보이는데 말과 행동까지 성실 그 자체다. 너무 착실해서 탈이다'라는 것이었습니다. 성실함을 어필하는 것만으로도 이미 벅차서 매력적으로 보이는 데에는 신경 쓸 여유가 없었던 거죠. 참고로 제가 가장 가고 싶었던 PR 회사는 커뮤니케이션을 전문으로 하는 활기찬 기업입니다.

3. 차이를 의식한다

근면함과 성실함은 사회인이 갖추어야 할 기본적인 자질입니다. 이것은 이력서와 외모로 충분히 어필할 수 있다고 판단했죠. 그 대신에 면접에서는 '밝은 성격'을 보여주기로 마음먹었습니다. 경력(외모)과 실제 모습 사이에서 '차이'를 연출하여 상대방에게 깊은 인상을 남기기 위해서죠. PR 회사에서 요구하는 '커뮤니케이션 능력'과 '누구와도 어울릴 수 있는 활발한 성격'을 강조하기 위해 미소와 몸짓, 손동작에 신경을 썼습니다.

남다른 존재감은 사소한 차이에서 비롯된다

늘 얌전한 인상이라도 가끔 눈에 띄거나 강해 보이고 싶을 때는 외모나 몸짓에 변화를 주어 상대가 원하는 방향으로 깊은 인상을 남겨야 합니다. 변화를 준다는 것은 차이를 만든다는 뜻입니다. 앞에서 말했듯이 경력과 외모에서 풍기는 이미지와 몸짓에서 풍기는 이미지를 다르게 연출하는 거죠. 이때 주의할 점이 있습니다. 상대에게 보여주는 모습이라도 어디까지나 당신 내면에 있는 모습이어야 합니다. 자신에게 없는 모습을 억지로 꾸며서 보여주면 상대에게 금방 들켜버리고 맙니다.

상대방이 원하는 것을 간파하고 그대로 행동한 결과 자신이 기대한 성과를 얻었다면 그것은 몸짓으로 상대방을 매료시켰다는 증거입니다. 다시 말해 일방통행이 아니라 매력적인 커뮤니케이션이 이루어졌다는 뜻이죠.

일단 당신이 목표로 한 모습을 명확히 떠올리고 상대에게 어떤 사람으로 보일지 상상합니다. 그다음 내 안에 있는 어떤 모습을 끄집어내야 할지 전략을 세우고 실행하세요. 이런 어필 방법은 실전에서 아주 효과적입니다. 이 '차이'를 활용하는 것도 우리가 매력을 느끼는 부분 중 하나입니다.

지금까지 '몸짓'이 매력에 끼치는 영향과 그 효과에 대해 알아보았습니다. 몸짓은 대부분 무의식적인 행동이며, 그대로 두면 상대에게 부정적으로 인식되기 쉽습니다. 또한 몸짓은 타인이 느끼는 인상뿐 아니라 자신이 스스로를 어떻게 생각하는지를 보여주는 셀프 이미지에도 영향을 줍니다. 즉 몸짓을 바꾸면 셀프 이미지와 행동, 인간관계 그리고 인생도 바뀌는 것이죠.

다른 사람 앞에서 말할 때나 일상생활에서 활용하기 쉬운 매력적인 몸짓에 대해서도 소개했습니다. 몸짓에는 자세와 동작 등 눈에 보이는 요소가 여러 가지 있기 때문에 먼저 따라 하기 쉬운 것부터 실천해보세요. 그리고 때로는 '차이'를 연출하면서 자신의 존재감을 높여보세요.

중요한 것은 반드시 '교과서 같은 올바른 매너'가 '매력적인 몸짓'은 아니라는 것입니다. 당신의 매력을 발산할 몸짓은 좀 더 깊숙한 곳에서부터 끌어내야 합니다.

일도 사람도 내 것으로 만드는 매력 습관 4

 매력 빈자

'몸을 바짝 움츠리며 손을 가만히 두지 못한다.'
'대화할 때는 모깃소리를 내고 사람들과 눈을 잘 맞추지
  못하며 시큰둥한 표정을 짓는다.'
'바쁠 때 누군가가 말을 걸면 건성건성 응대한다.'
→ 왠지 주눅 들어 보이는 몸짓을 취하고 타인에게
   무관심하다.

 매력 부자

'어깨를 펴고 고개를 꼿꼿이 세운다.'
'이야기할 때는 사람들의 눈을 바라보며 큰 목소리로 말하고
  적당히 맞장구를 친다.'
'일하는 도중에 누군가가 말을 걸면 잠시 동작을 멈추고
  진지하게 이야기를 듣는다.'
→ 늘 당당하고 우아한 몸짓을 선보이며 타인에게
   집중한다.

must have 5

∞

아우라

"가만히 있어도
사람이 따른다"

가만히 있어도
사람이 따른다

아우라란 무엇인가

◇◇◇◇◇◇◇◇

매력은 크게 두 가지로 나눌 수 있습니다. 하나는 '내적 매력'이
고, 또 하나는 '외적 매력'입니다. 후자에는 외모, 몸짓, 아우라
등이 있는데, 그중 아우라는 '존재감'을 뜻합니다. 외모와 몸짓
에 아우라까지 겸비하면 만나는 사람들을 단박에 사로잡을 수
있습니다. 그러면 상대방은 '이 사람을 따르고 싶다'고 생각합
니다.

　'아우라'는 '힘', '배려', '집중력', '활력'으로 이루어져 있습니
다. 하나하나씩 자세히 살펴보겠지만, 여기에서는 먼저 아우라

의 전제를 설명하겠습니다.

· 타고난 게 아니라 훈련으로 키울 수 있다

아우라는 지금까지 설명한 외모, 몸짓과 마찬가지로 누구나 후천적으로 만들어갈 수 있습니다. 갓 태어난 아기에게는 카리스마나 아우라가 없습니다. 그러나 후천적인 환경과 만남, 경험으로 아우라는 만들어집니다. 의식하지 않아도 아우라가 있는 사람은 무의식중에 '힘, 배려, 집중력, 활력'을 일상생활에서 갈고닦은 것입니다.

· 특별한 사람에게만 필요한 게 아니다

'아우라가 있는 사람'이라는 말을 들으면 누가 떠오르나요? 스티브 잡스나 빌 게이츠처럼 카리스마 넘치는 기업주인가요? 아니면 오드리 헵번이나 카트린 드뇌브처럼 역사에 남을 대배우인가요? 또는 친구나 회사 동료 중에서 왠지 늘 눈에 띄는 사람인가요?

어느 쪽이든 존재하는 것만으로도 빛을 발하는 카리스마 넘치는 인물을 떠올리는 사람이 많을 겁니다. 그러다 문득 이런 생각을 할지도 모릅니다.

'아우라는 나한테 필요 없어. 나랑은 상관없는 거야.'

이것은 크나큰 착각입니다. 아우라는 일부 리더나 유명인만
이 가져야 하는 것이 아닙니다. 아우라가 있는 사람 주변에는 다
양한 기회가 찾아옵니다. 이것은 영적인 이야기가 아닙니다.

남다른 존재감을 드러내는 사람, 무언가 큰일을 해낼 것 같은
분위기를 풍기는 사람은 주변에 깊은 인상을 남기게 마련입니
다. 따라서 승진과 이직, 혼담과 같은 일로 사람을 찾을 때, 그들
에게 가장 먼저 말을 걸기가 쉽습니다.

이렇게 아우라가 있는 사람은 없는 사람보다 타인의 인상과
기억에 남기 때문에 그만큼 기회도 늘어나는 거죠. '경력은 사
람과의 인연으로 이루어져 있다'는 말을 떠올려보세요.

• 온오프를 할 수 있다

아우라에는 '스위치를 자유롭게 전환할 수 있다'는 특징이 있
습니다. 반대로 말하면 아우라의 요소인 '힘, 배려, 집중력, 활
력'을 365일 내내 드러낼 수 있는 사람은 아주 드뭅니다. 인간이
기 때문에 집중력이 떨어지거나 활력이 없을 때도 있죠. 외모나
몸짓은 습관으로 만들면 의식하지 않아도 자신의 일부가 됩니
다. 그러나 아우라는 사람과 만날 때는 스위치가 켜지고, 혼자일
때는 스위치가 꺼지게 마련이죠.

가끔 '휴일에 거리를 걷고 있어도 주변에서 아무도 저를 눈치

채지 못해요'라고 말하는 유명인이 있는데, 이것은 아우라의 스위치를 꺼두었기 때문입니다.

왜 자꾸 그 사람에게 시선이 갈까?

_{◇◇◇◇◇◇◇}

참고로 저는 지금까지 다양한 사람을 만났습니다. 그중에서 강렬한 아우라를 내뿜는 사람은 세 명이었습니다. 한 명은 클라이언트였던 인도인 경영자, 또 한 명은 함께 일했던 미국인 카메라맨, 마지막 한 명은 친구의 소개로 알게 된 일본인입니다.

인도인 경영자의 경우에는 처음 본 순간부터 순식간에 사람을 압도하는 아우라가 있었습니다. 그곳에는 수많은 사람이 있었는데, 그가 걸어오자 마치 모세의 기적이 일어난 듯 사람들이 길을 비켜주더군요. 그에게는 당당함과 동시에 따뜻함, 강인함 그리고 부드러움이 풍겨져 나왔습니다. 대화를 해보기 전부터 코치인 저조차도 '이 사람은 내 모든 걸 받아주겠구나'라는 생각이 들 만큼 포용력이 느껴지더군요.

미국인 카메라맨은 일에서는 한 치의 오차도 허용하지 않는 아주 깐깐한 전문가였습니다. 하지만 날카로운 신경을 드러내지 않고 오히려 미소로 주위를 배려하며 따뜻한 분위기를 만들어냈습니다. 그런데 그가 그곳에 있는 것만으로도 현장 스태프들은 바짝 긴장하더군요. 현장 분위기를 컨트롤할 만큼 그는 강한 존재감을 자아냈습니다. '뉴욕에서 가장 실력 있는 카메라맨'이라는 사실은 나중에 알게 되었지만, 그러한 경력을 몰랐어도 보통내기가 아니라는 건 한눈에 알 수 있었습니다. 온몸에서 그런 기운이 감돌았으니까요.

일본인 비즈니스맨도 앞서 말한 두 사람처럼 표현하기 힘든 아우라가 있으면서도 상냥함과 천진함, 배려심이 느껴지는 사람이었습니다. 세상을 바꿀 만한 큰일을 하고 있는데도 위압적이지 않고 배려가 넘치더군요. 그를 존경하는 사람은 저 말고도 아주 많았는데 그 이유를 충분히 알 수 있었습니다. 순식간에 상대방을 사로잡고 계속 호감을 갖게 만드는 아우라가 온몸에서 흘러나왔기 때문입니다.

이 세 사람 외에도 '아우라가 있다'고 느껴지는 수많은 사람을 만났습니다. 외모도 몸짓도 아닌, 이 아우라는 도대체 뭘까? 그들에게는 어떤 공통점이 있을까? 수없이 생각한 끝에 내린 결론은 바로 이것입니다.

아우라=힘+배려+집중력+활력

스탠퍼드 대학과 UN 등에서 강연하고 있는 카리스마와 리더십 전문가 올리비아 폭스 카반도 이렇게 말했습니다.

"아우라는 '권력', '성의', '존재' 이 세 가지가 구비되었을 때 발휘되는 것이다."

저는 그가 주장한 것에 몇 가지를 더했습니다. 현대 사회를 살아가는 여성의 매력이라는 관점에서 필요한 것들을 말이죠. 지금부터 그것들을 하나씩 설명하겠습니다.

우아하게
주변을 움직인다

아는 것이 힘이다

힘은 당신이 얼마만큼 주변 사람들에게 영향을 줄 수 있는지를 뜻하는 것입니다. 나이, 지위의 높음, 지식의 양, 돈을 움직이는 힘, 일을 정하는 결정권의 유무, 언변 능력 등입니다. '권력과 권한 그리고 영향력이 있는 사람'이라는 말을 들으면 국가나 기업의 수장, 억만장자 혹은 고위직이나 연령이 높은 사람을 떠올릴 것입니다. '동경하는 롤모델'을 떠올려보면 자신보다 나이와 경험이 많은 사람이 대부분이지 않나요?

그렇다면 경험도 돈도 적은 젊은이가 힘을 갖는 것은 어려운 일일까요? 그렇지 않습니다. 자신이 소속된 커뮤니티에서 폭넓은 지식을 갖춘 전문가가 되는 것을 목표로 한다면 힘을 손에 넣을 수 있습니다. 어떤 분야든 상관없으니 딱 하나만 정해서 '이 것에 대해서는 누구에게도 지지 않'을 만큼 철저히 공부하면서 가능한 한 깊은 지식을 쌓아보세요. 그것이 그 커뮤니티에서의 힘, 즉 영향력이 됩니다.

힘 있는 사람들의 네 가지 행동 습관

◇◇◇◇◇◇◇◇

실제로 힘 있는 사람이 무의식적으로 하기 쉬운 언행이 몇 가지 있습니다. 그것을 따라 해보면 매력적인 행동으로 이어질 뿐 아니라 힘 있는 사람이라는 인식을 심어줄 수 있습니다. '난 좀 힘이 약한 것 같다'고 느낀다면 그대로 따라 해보세요.

한편 실제로 사회적 지위와 권력이 있는 사람이 이러한 제스처를 남발하면 '권력을 과시하는 사람', '고압적이고 거만한 사람', '싫은 사람'이라는 인상이 강해집니다. 사람을 사로잡는 아우라가 아니라 불편한 존재라고 여겨질 위험이 있기 때문에 자신의 언행을 살펴보길 바랍니다.

• 심하게 맞장구치지 않는다

이야기를 들을 때 맞장구치는 횟수를 줄여보세요. 맞장구칠 때는 천천히 크게 고개를 끄덕이세요. 맞장구는 '당신의 말을 잘 듣고 있다'는 메시지입니다. 그러나 너무 자주 고개를 끄덕이는 사람은 '지위가 낮다, 권력이 없다'는 메시지를 무의식적으로 상대에게 전하는 것입니다.

• 눈을 자주 깜빡이지 않는다

상대의 눈을 지그시 바라보세요. 먼저 눈을 피해서는 안 됩니다. 눈을 깜빡이는 횟수도 줄이세요. 아이콘텍트는 매력적인 몸짓에서 아주 중요합니다. 눈에 힘을 주고 상대를 지긋이 바라보는 것만으로도 권력을 나타낼 수 있습니다. 반대로 눈을 자주 깜빡이고 잘 맞추지 않는 사람은 힘이 없어 보이게 마련입니다.

• 지나치게 겸손한 척하지 않는다

많은 여성들이 하는 고민 중 하나가 '칭찬을 받은 후에 어떻게 반응해야 할지 모르겠다'는 것입니다. '멋지네요', '일을 정말 잘하네요' 등 칭찬을 들었을 때 당신은 어떤 반응을 보이나요?

우리 주변에는 '그렇지 않아요', '아니에요, 그럴 리가요'와 같이 상대의 말을 바로 부정하는 여성이 많습니다. 겸손함은 인간관계를 원활하게 만드는 훌륭한 자세입니다. 그러나 너무 지나치면 비즈니스에서는 마이너스로 작용하기도 합니다. 이를테면 자신의 공을 남에게 돌리는 바람에 스스로를 내세우지 못하는 경우가 생깁니다.

힘 있는 사람으로 보이고 싶은가요? 그렇다면 칭찬을 받았을 때 웃으면서 '감사합니다' 하고 솔직하게 받아들이세요. 어설프게 겸손한 자세를 취하면 '나는 영향력이 없고, 함부로 해도 되는 사람이다'라고 말하는 것과 같으니까요.

• 습관적으로 사과하지 않는다

평소에 '미안합니다', '죄송합니다'라는 말을 자주 쓰지는 않나요? 마치 '안녕하세요'라고 인사하듯이 말이죠. 잘못을 했을 때는 깊이 사과해야 마땅합니다. 그러나 사소한 일에도 반사적으로 '미안합니다', '죄송합니다'를 연발하고 있다면 다른 말로 바꾸려는 노력을 해야 합니다. 이유 없이 사과하면 어느 순간 상대는 당신을 우습게 생각할지도 모릅니다.

이해하는 사람이
주도권을 잡는다

동의하지 말고 공감하라

◇◇◇◇◇◇◇◇

권력, 지위 또는 영향력이 있는 사람을 떠올려보세요. 그 사람은 강한 기운을 내뿜고 있을 겁니다. 단지 그것만으로도 다른 사람에게 냉정함과 공포심을 느끼게 합니다.

앞에서 소개한 남다른 아우라를 가진 세 사람은 모두 따뜻한 기운을 내뿜으면서도 주변 사람들을 친절하게 감싸주었습니다. 주변 사람에 대한 선의, 이타심, 친절함과 애정 같은 배려하는 마음은 어떤 상황에서나 가장 중요한 것이 아닐까요?

'강한 사람'일 뿐 아니라 내면의 중심에는 '인간다운 마음'을 가지고 있어야 합니다. 힘이 있어도 배려가 없으면 오만한 인상을 줍니다. 그 반면에 힘이 없고 배려가 있으면 아첨꾼이나 감정적인 사람이라고 생각되게 마련이죠. 힘과 배려는 뗄 수 없는 한 쌍이므로, 균형 있게 익힐 수 있도록 의식해야 합니다.

그렇다면 어떻게 해야 배려하는 마음을 가지고, 그것을 표현할 수 있을까요? 심리학자 하워드 E. 북 교수는 '배려 기술'에 대해 다음과 같이 정의하고 있습니다.

> 배려 기술이란 타인의 감정을 이해하기 위한 기술입니다.
> 당신이 그 사람의 감정이나 사고방식에 동의하든 말든 상관없이, 그 사람의 시점으로 그 사람의 세계를 경험해보는 것입니다. 예를 들면 당신이 A 씨의 신발을 신어보는 게 아니라 A 씨가 자신의 신발을 신었을 때 어떤 느낌이 들지를 당신이 상상해보는 것입니다.

여기서 중요한 것은 두 가지입니다. 하나는 '그 사람의 감정이나 사고방식에 동의하든 말든 상관없다'는 것이고, 또 하나는 '그 사람의 시점으로 그 사람의 세계를 경험해본다'는 것입니다. 예를 들어 동료가 '손님이 나한테 화내서 너무나 분하고 괴로워. 이제 회사를 관두고 싶어'라고 말했는데, 당신은 그 생각을 이해할 수 없습니다. 그런 경우 '손님이 화내서 회사를 그만두고 싶다고 생각한다'는 것 자체에 당신이 동의할 필요는 없습니다. 자신과 가치관이 다른 사람을 배려하는 게 어렵다면 이 점을 명심하세요. 타인과 꼭 같은 가치관을 가질 필요는 없습니다.

'나는 그런 일로 그만두고 싶지는 않다'는 생각은 당신의 주관이므로, 그것을 상대방에게 강요하지 마세요. 그렇다면 배려하고 싶을 때는 어떻게 해야 할까요? 동료가 느끼는 분노나 고통, 회사도 그만두고 싶은 심정을 그의 입장에서 이해하고 '당신은 그렇게 느끼고 있군요. 정말 힘들겠네요'라고 공감을 표현해보세요. 그것이 바로 배려의 기술입니다.

신뢰 관계를 쌓기 위한 테크닉으로 상대의 말을 일부 그대로 따라 하는 방법이 있습니다. 상대가 '나는 왠지 미래가 불안합니다'라고 말하면 '불안하시군요'라고 대답하는 거죠. 이때 아무런 감흥 없이 단순히 맞장구치는 것은 오히려 관계를 멀어지게 만듭니다. 상대는 '이 사람은 나한테 관심이 없다'고 느끼기 때문이죠. 따라서 상대의 입장에서 생각해보고 표현하는 것이 좋습니다. 이를테면 '상대의 신발을 신고, 그가 살고 있는 세계를 걸어본다'는 마음가짐으로 말이죠. 그러지 않으면 왠지 얄팍하고 경솔한 행위가 되어버린다는 것을 기억하세요.

남이 아니라 나부터 배려하라

⬦⬦⬦⬦⬦⬦⬦

앞에서 남다른 아우라를 가진 세 사람을 소개했는데, 그중에서
도 카메라맨은 이 배려 기술이 아주 훌륭했습니다. 그와 함께 했
던 일은 다양한 분야의 전문가가 모이는 대규모 프로젝트였기
때문에 혹시라도 제가 실수할까 봐 너무나 불안했습니다. 현장
에서 걱정스런 표정을 짓고 있자 그는 제 눈을 지그시 바라보며
이렇게 말해주더군요.

"불안하죠? 그 마음 나도 잘 알아요. 엄청 불안할 거예요."

그러고는 어깨를 다독이며 '괜찮아요, 완벽하지 않아도 되
까 긴장 풀어요'라고 덧붙인 다음 웃는 얼굴로 안아주었습니다.
그의 배려 넘치는 말과 행동이 불안했던 제게 얼마나 안심이 되
었을지, 또 얼마나 매력적으로 보였을지는 굳이 설명하지 않아
도 잘 아실 거라 믿습니다.

사람들은 자신을 희생하고 타인에게 최선을 다하는 것. 또는
자신을 제쳐두고 상대의 희망을 이루어주는 것을 '배려'라고 생
각하는 듯합니다. 그러나 사람은 자신이 여유가 없으면 타인을
배려하기가 어렵습니다. 어떤 상황에서도 자신의 몸과 마음을
최우선으로 해야 합니다. 그다음에 누군가를 위해서 친절한 말
을 하고, 자신이 할 수 있는 범위 안에서 행동하는 게 바람직하

지 않을까요?

상대방의 기대에 맞추려 애쓰지 마세요. 자신이 할 수 있는 범위를 벗어난 일에 대해서는 확실하게 '안 된다'고 말하는 것 또한 배려입니다. 자신을 돌보지 않고 상대에게 최선을 다하는 게 아니라, 먼저 자신을 만족시켜 마음에 여유를 만들어보세요. 사람은 여유가 생겨야 상대에게도 친절하게 행동할 수 있습니다. 이것이 자신의 몸과 마음을 지키고, 상대에 대한 진심을 전하는 행위입니다. 상대가 아니라 자신을 중심으로 행동하는 것이 당신을 매력적으로 만드는 배려의 아우라가 되는 것이죠.

내가 한 배려는
나에게 돌아온다

말에는 마음이 담긴다

◇◇◇◇◇◇◇◇

조직이나 사회집단을 중심으로 네트워크의 구조와 영향을 분석하고 연구한 야스다 유키. 그가 쓴 책 『연결자』에 따르면 일을 잘한다고 평가를 받는 사람, 실제로 성과를 내고 있는 직장인의 메일에는 '당신 덕분입니다', '정말 기쁘네요', '대단하네요'처럼 배려를 담은 긍정적인 말이 자주 등장한다고 합니다. 주변 사람을 배려하는 습관이 몸에 배었기 때문에 일에서도 기회가 찾아오고 어려움에 처했을 때도 도움을 받기 쉽습니다. 그뿐 아니라 '일을 잘한다'는 평가도 받게 되는 등 선순환이 이루어집니다.

비즈니스 메일은 용건만 간단히 전달하는 게 중요하지만, 이 때 배려의 한마디를 덧붙인다면 상대방은 기분이 좋아지게 마련이죠. 설령 만난 적이 없더라도 '참 멋진 사람'이라는 인상과 존재감을 남길 수 있습니다. 얼굴을 보면서 배려하는 게 부끄러운 사람은 먼저 이메일에서부터 시작해보세요.

여기에 배려 기술을 높이는 연습 방법을 소개합니다. 자신을 배려하는 방법과 타인을 배려하는 방법입니다(C. Olivia Fox, 2013).

Tip 자신을 배려하는 연습 ⁃⁃⁃⁃⁃⁃⁃⁃⁃⁃⁃⁃⁃⁃⁃⁃⁃⁃⁃⁃⁃⁃⁃⁃⁃⁃⁃⁃⁃⁃⁃⁃⁃⁃

1. 머리부터 발끝까지 온몸에 집중한다.
2. 자신의 신체 중에서 감사해야 할 장점을 세 가지 찾는다.
3. 자신이 서 있는 장소를 둘러본 다음 좋은 점을 세 가지 찾는다.
4. 자신의 인생을 제삼자의 입장에서 관찰하고 좋은 점을 세 가지 찾는다.

이것을 반복하다 보면 지금까지 당연하다고 생각했던 '자기 자신'에 대한 배려심이 생깁니다.

Tip 타인을 배려하는 연습

1. 배려하고 싶은 특정한 상대를 떠올린다.
2. 그 사람의 과거를 상상하고, 그 사람과 같은 환경, 같은 경험을 한 것처럼 상상한다.
3. 자신도 그 사람과 똑같은 과정으로 성장했다고 상상한다.
4. 그 사람의 현재를 상상하고, 그 입장이 되어본다.
5. 그 사람의 눈으로 세상을 바라보고, 현재 그 사람이 느낄 법한 모든 감정을 상상한다.

이것을 반복하면 '특정한 그 사람'에게 배려심이 생깁니다.

자신과 타인을 배려하는 연습은 뇌파에 변화를 주어 마음이 부드러워지고, 행복 영역이라 불리는 대뇌피질의 좌전두엽 기능이 향상되어서 자기비판을 할 수 있게 해줍니다.

이해할 수 없어도
배려할 수 있다

아무리 흔들려도 중심만 잘 잡으면 문제없다

◇◇◇◇◇◇◇◇

타인의 감정을 이해하고 배려하는 게 중요하다는 것을 알게 되었습니다. 그러나 인간의 감정은 일정하지 않고, 모든 사람이나 상황을 배려하기도 어렵습니다. 그때 써먹을 수 있는 유용한 기술을 소개합니다.

우리는 '데이터화된 사실'과 '논리적으로 구축된 사실'을 학교나 가정에서 오랫동안 배웠습니다. 그런 과정에서 '마땅히 그렇게 해야 한다'는 당위적 사고를 체득했습니다. 누군가에 대해 배려심이 없을 때는 '마땅히 그래야 한다'는 생각과 반대될 때가 많습니다. 당위적인 사고를 하는 사람들은 모든 일이 자기 방식대로 진행되길 바라기 때문이죠.

당위적 사고는 마치 '개'와 같습니다. 훈육하지 않으면 다양한 상황에서 으르렁거리게 마련이죠. 만약 아무리 노력해도 누군가를 이해하는 게 어렵다면 마음속에 숨어 있는 개를 얌전하게 만드는 상상을 해보세요. 법에 저촉되는 게 아니라면 타인의 의견도 당신의 의견과 마찬가지로 중요합니다. 동등한 가치와 존엄성을 가지며 올바르다고 믿으려는 노력을 해보세요.

우리 마음속에는 여러 종류의 '개'가 존재합니다. 예를 들면 '여성은 이래야만 하는 개', '딸은 이래야만 하는 개', '언제나 완벽해야 하는 개'와 같은 것이죠. 마음속에 어떤 '개'를 키우고 있는지, 어떤 상황에서 주로 으르렁거리는지, 또는 어떤 때 물면서 자신과 타인을 상처 입히는지, 이름을 붙이고 그림으로 그려보세요. 그러면 의외로 두려워할 만한 것이 아니라는 사실을 깨닫게 됩니다.

Tip 어휘력을 늘리는 방법

생각보다 배려하는 것을 어려워하는 사람이 많습니다. 남을 칭찬할 때 쑥스러움을 느껴본 적은 누구나 한 번쯤 있을 겁니다.

배려하는 말은 수없이 존재합니다. 어휘가 풍부할수록 섬세한 감정을 상대방에게 잘 전달할 수 있습니다. 예를 들어 상대의 행동에 고마움을 느꼈을 때, 단지 '도와줘서 기뻤어요'라고 말하는 것보다 '훌륭한 임기응변으로 대응해주서서 감동했습니다'라고 말하는 게 더욱 매력적으로 보입니다. 그 사람이 쓰는 단어와 표현을 보면 그가 어떤 인생을 살았는지 알 수 있습니다. 그리고 말과 표현에서 여유로움과 정중함이 느껴진다면 타인에게 호감을 얻을 수 있습니다.

어휘를 늘리기 위해서는 책을 많이 읽는 것이 좋습니다. 그러니 서점에 자주 가보세요. 전자책이나 인터넷 서점만 이용하면 좋아하는 책만 보게 됩니다. 하지만 서점에 가면 평소에

읽지 않는 분야의 책이 손에 닿는 곳에 진열되어 있기 때문에 마음 가는 대로 페이지를 넘겨보면서 새로운 말을 접할 수도 있습니다. 꼭 책 읽는 습관을 들여보세요.

꾸짖음에도
배려가 필요하다

관계를 망치지 않고 꾸짖는 방법

◇◇◇◇◇◇◇

부하나 후배가 실수를 했을 때, '고생했다'는 말만으로는 끝나지 않는 경우가 종종 있습니다. 그때 상대를 배려하면서 개선을 요구할 수 있는 방법이 있습니다. 그 방법은 다음과 같습니다.

1. 듣기 쉬운 환경을 만든다

다른 사람 앞에서 혼내지 않는 것은 철칙 중의 철칙입니다. 자주 하는 말이지만 혼내기, 비판하기와 같은 부정적인 이야기를 할 때는 반드시 일대일로 해야 합니다.

다른 사람 앞에서 혼내면 당사자의 자존심을 상처 입힐 뿐 아니라 꾸짖은 본인도 마음이 불편합니다. 또한 그것을 목격한 주위 사람들은 당신에게 반감을 갖게 되지요. 문제를 개선하고 싶다면 상대방이 듣기 쉬운 환경을 만들어야 합니다. 그것이 배려의 전제 조건입니다.

2. 먼저 긍정적인 피드백을 한다

먼저 긍정적인 피드백을 하세요. 부정적인 지적은 그다음에 하면 됩니다. 예를 들면 '요즘 엄청 노력하고 있는 거 알고 있어. 정말 고맙게 생각해. 하지만 이번 발주 실수는……'과 같이 말하세요.

3. 인격이 아닌 행위에 대해 말한다

실수는 누구나 합니다. 그런데 실수에 대해 주의를 줄 때 무심코 인격과 행위를 동일시하여 인격까지 비판하는 사람이 있습니다. 인격이 아니라 행위에 대해 말하는 게 가장 중요합니다. 이를테면 '당신처럼 일처리가 깔끔한 사람이 확인하는 걸 깜빡하다니요. 앞으로는 주의해주세요'라고 말하세요.

한편 인격에 대한 피드백은 배려가 아닙니다. '그런 성격이니까 실수하는 거 아니야?', '왠지 중요한 상황에서는 실력 발휘를 못하더라'처럼 상대의 말과 행동보다 성격(또는 성질)에서 비롯된 문제를 지적하는 것은 피하세요. 인격은 금방 개선할 수 있는 게 아닙니다. 또한 그 사람의 인격을 개인의 의견으로 비판하는 것은 바람직한 행위라고 할 수도 없습니다.

4. 모든 변명을 들어준다

먼저 상대가 하는 모든 변명을 잘 들어줘야 합니다. 아무리 당신의 의견을 말하고 싶어도 배경을 모두 알고 있어도 일단은 끝까지 상대의 설명을 들어주세요. 절대로 도중에 말을 끊지 마세요. 상대방이 '내가 하고 싶은 말은 다 했다'는 느낌이 들게 해야 합니다. 그다음에 당신의 의견을 이야기하세요. 상대가 모든 것을 설명했다는 느낌을 받지 않으면, 당신이 어떤 조언을 한들 진심으로 이해하지 못하기 때문입니다.

5. 자신이 무엇을 할 수 있는지를 제시한다

그러고 나서 '다음 실수를 막기 위해서 내가 당신에게 어떤 도움을 줄 수 있는지' 물어보세요. 실수가 일어났을 때는 그 사람만의 문제가 아닌 경우가 있습니다. 상대방 탓으로만 돌리지 말고 자신이 어떻게 관여하면 막을 수 있는지, 다음에 또 이런 일이 일어나지 않으려면 자신이 무엇을 할 수 있는지를 제시해주세요.

　매력적인 사람은 혼낼 때도 요령 있게 잘합니다. 이 세상에 혼
나고 싶어 하는 사람은 아무도 없습니다. 아무리 강한 사람인 척
해도 자신의 실수는 자신이 가장 잘 알고 있습니다.

　누군가가 실수했을 때 감정을 드러내며 비난하거나 본때를
보여주듯 혼내지 않고, 반성을 촉구하면서 배려한다면 당신은
더욱 매력적으로 보일 것입니다.

고수는 유머로 화를 낸다

이런 상황에서는 유머 감각도 중요합니다. 제가 만난 매력적인
사람들은 모두 긴장된 분위기를 한순간에 누그러뜨리는 유머
감각을 가지고 있었습니다. '조심하라'고 지적하면서도 '그런데
말이야……'라고 한마디를 덧붙이면서 자신도 상대도 웃게 만
들더군요. 이렇게 하면 심각한 분위기도 순식간에 부드러워집
니다. 굳이 우스갯소리를 하거나 자학을 하라는 말이 아닙니다.
상대가 느끼고 있을 긴장감, 후회, 부끄러움을 헤아리고, 그것을
풀어주는 친절함을 발휘하라는 뜻이죠.

유머가 필요하다고 절실히 느끼는 순간이 있는데 바로 외국인들과 함께 일할 때입니다. 태어난 곳, 자란 환경, 문화와 미의식이 서로 다른 사람들이 함께 일하다 보면 종종 부딪히는 경우가 있습니다. 그때 유머는 윤활유 역할을 합니다. 가치관이 서로 다르더라도 한 가지 일로 같이 웃게 되면 마음이 하나가 되는 듯한 느낌을 맛보게 되기 때문이죠.

비즈니스를 하다 보면 심각한 상황에 맞닥뜨리는 일이 많습니다. 그럴 때 자연스럽게 유머 감각을 발휘하는 사람이 있죠. 그들에게는 '분위기를 풀어야지', '팀이 하나가 되어 좋은 결과를 내야지'라는 배려가 느껴집니다.

숨이 막힐 듯한 분위기를 감지했다면 어깨 힘을 풀고, 의식적으로 당신과 그곳에 있는 상대가 즐거워질 듯한 이야기를 해보세요. 분명히 당신의 배려가 상대에게 전해질 것입니다.

집중하면 신뢰는
저절로 따라온다

잘 들어주면 상대는 스스로 변한다

◇◇◇◇◇◇◇

인종, 문화, 연령, 성별에 관계없이 모든 사람이 바라는 것이 있습니다. 바로 '나를 소중히 생각해줬으면 좋겠다'는 마음입니다. 우리가 타인을 배려하는 이유는 그 마음을 존중하기 때문이죠. 이때에도 세심하게 신경을 기울여야 합니다. 형식적으로만 대하면 상대는 건성으로 대한다고 생각할 수 있습니다. 너무 '예스'만 남발하면 아부하는 사람이라 생각하고, 그렇다고 너무 배려가 없으면 오만한 사람이라 생각합니다. 또한 집중력이 없으면 자신을 무시한다고 생각하고, 순식간에 감정적인 갈등이 생겨나기 십상입니다.

예를 들어 당신이 누군가에게 고민을 상담했을 때, 상대가 '정말 힘들겠다. 많이 괴롭지?'라고 배려의 말을 건넸다고 하죠. 그런데 스마트폰을 만지작거리면서 그 말을 했다고 생각해보세요. 어떤가요? 아우라가 느껴지나요? 그 사람을 따라가고 싶나요? 매력적이라는 생각이 드나요?

이것은 극단적인 예일지도 모르지만, 가끔 눈앞에 있는 사람과 이야기할 때 마음이 콩밭에 가 있는 경우가 있을 겁니다. 이를테면 '그러고 보니 내일 쓸 자료를 인쇄해야 하는데……', '어제 말싸움은 정말 짜증 났어'처럼 딴생각을 하느라 집중하지 못하는 거죠.

하버드 대학이 83개국 1만 5000명이 넘는 사람을 대상으로 일상생활에서 느끼는 행복지수에 대한 연구를 했습니다. 이 연구 '당신의 행복을 추적해보세요(Track Your Happiness)에 따르면, 사람들은 업무 시간의 50% 이상을 개인적인 일로 고민할 뿐 아니라 하루의 대부분을 심리적으로 방황하면서 보낸다고 합니다. 그만큼 집중하지 못한다는 뜻이죠.

우리는 종종 눈앞에 있는 사람의 이야기를 듣고 있을 때도, 혹은 누군가와 인사할 때도, 거기에 집중하지 못합니다. 또한 우리는 항상 자신과 이야기하고 있는 상대를 무의식적으로 판단하고 있습니다. 이를테면 '이 사람은 정말로 내 이야기를 듣고 있을까?', '왠지 이 사람은 늘 딴생각을 하고 있는 것 같아'라고 말이죠. 만약 당신이 집중하지 못한다면 상대도 그것을 바로 알아차립니다. 반면에 아우라가 있는 사람은 언제나 진심으로 상대에게 집중합니다. 눈앞의 상대에게 집중하는 것은 그 사람을 유일무이한 존재로 소중히 생각한다는 뜻입니다. 즉 이 세상에 단하나밖에 없는 귀한 존재로 여기는 것이죠.

'지금 내 앞에 있는 사람'에게 아낌없이 집중력을 발휘하는 것. 그것이 매력을 만드는 아우라가 됩니다.

빌 클린턴과 빌 게이츠는 집중력의 달인이었습니다. 그들은 일반인과 악수할 때도 상대를 정면으로 바라보면서 '당신이 세상에서 가장 중요한 사람'이라고 말하는 듯한 집중력을 보여주었죠. 힘 있는 사람이 자신에게 온전히 집중해주면 누구나 그 사람의 포로가 되지 않을까요?

명상은 최고의 휴식이다

앞에서 강렬한 아우라를 내뿜는 인도인 경영자에 대해서 이야기한 바 있습니다. 그도 다른 사람과 이야기할 때 상대의 말에 온전히 집중했습니다. 아무리 사소한 말이라도 온몸으로 집중해서 들어주었죠. 그는 집중력을 높이기 위해 몇 십 년 동안 날마다 '명상'을 했다더군요. 아무리 바빠도 명상만은 거른 적이 없다고 말했습니다. 저에게도 명상을 해보는 게 좋다면서 '위파사나 명상'을 권했는데, 이것은 일종의 호흡법입니다. 위파사나 명상은 세계 각지에 있는 수행 센터에서 배울 수 있는데, 열흘 동안 타인과 아이콘택트, 대화, 문자(당연히 휴대폰도)를 금지하는 등 외부의 정보를 완전히 차단하고 명상에 전념하는 엄격한 훈련입니다.

바쁜 여러분은 이 수행에 참가하는 게 어려울 테니 지금 바로 실천할 수 있는 명상법을 소개하겠습니다.

Tip 집중력을 높여주는 명상법

1. 가볍게 눈을 감고 편안하게 앉습니다. 의자나 바닥, 지하철 안 등 어디든 상관없습니다.
2. 의식을 콧구멍으로 가져갑니다. 콧구멍에서 공기가 나오고 들어가는 것에만 집중합니다. 공기의 온도, 세기, 콧속 점막의 감촉 등에만 집중해주세요.

3. 머릿속에 잡념이 떠올라도 그것에 사로잡히지 말고, 마치 구름처럼 잡념이 자신의 머리 위를 둥둥 떠서 지나가는 상상을 해보세요. 절대 스스로 구름 속으로 들어가 마음을 흩뜨리지 마세요.

4. 1~3까지 가능해지면 가만히 있을 때가 아니라 움직이고 있을 때도 몸의 감각에 집중해보세요. 예를 들면 걸을 때 발바닥의 감각, 얼굴에 닿는 바람, 책장을 넘길 때 손가락의 감촉 등입니다.

단지 이것뿐입니다. 이 명상법은 우리 마음속에서 온종일 소용돌이 치고 있는 다양한 생각, 감정, 기억에 사로잡히지 않도록 하고, '지금 이 순간'에 의식을 집중하는 훈련입니다.

'집중하자!', '잡념을 버리자!'고 머릿속으로 생각해도 막상 그렇게 되지 않습니다. 머리로 생각하는 게 아니라 몸의 감각에 집중하면 그 감각을 익힐 수 있습니다.

실제로 제가 참가했던 위파사나 명상 훈련에서는 식사와 목욕, 수면 이외의 시간은 모두 명상을 했습니다. 외부로부터의 자극이 거의 없는 상황에서도 제 마음이 얼마나 불안하고 과거와 미래에 대한 일로 가득 차 있는지를 깨달았습니다. 그 후 이 명상법을 연습하고 나서부터는 중요한 때에 잡념을 버리고 눈앞의 사람에게 집중할 수 있게 되었습니다.

이렇게 명상은 '마음을 수련'하는 것으로, 집중력을 높이는 데 가장 효과적인 방법입니다. 명상을 하면 과거도 미래도 아닌 '지금 이 순간'에 온전히 집중하며 살 수 있죠.

최근에는 명상이 가져오는 다양한 효과가 주목받고 있습니다. 구글과 나이키, 인텔과 같은 미국 기업에서도 직원 연수를 할 때 명상을 도입하고 있습니다.

집중력의 차이가 행복의 차이를 만든다

◇◇◇◇◇◇◇◇

'나는 대단한 사람'이라고 표현하는 것도 중요하지만 타인에게 자신감을 주고, '내 의견이 존중되고 있으며 나는 중요한 존재'라고 느끼게 해주는 것도 중요합니다. 함께하면 즐겁고 다시 만나고 싶어지는 매력적인 사람들에게는 공통점이 있습니다. 그들과 함께하면 자신감이 생기고 내가 중요한 존재가 된 것 같은 기분이 든다는 점입니다.

집중력이 있는 사람은 주변 사람을 끌어당기는 힘을 갖고 있습니다. 아우라가 있는 매력적인 사람은 자신의 인생을 개척할 뿐 아니라 타인에게도 롤모델이 되어줍니다.

앞에서 하버드 대학이 일상생활에서 느끼는 행복지수에 대한 연구를 진행했다고 소개했습니다. '당신의 행복을 추적해보세요'라는 이 연구 결과에 따르면 집중력은 타인에 대한 배려심뿐 아니라 자신의 행복을 증대시키는 것으로 밝혀졌습니다. 그리고 행복도가 높아질수록 생산성, 창조성, 의욕이 올라가고 비즈니스 성과도 개선된다고 합니다(Daniel Gilbert, 2013).

지금 있는 장소에서 위화감을 느낀다, 의욕이 안 생긴다, 왠지 마음이 무거운 나날을 보내고 있다. 혹시 이런 생각이 들지는 않나요? 그런 생각에서 벗어나기 위해서는 집중력을 높이는 것이 돌파구가 될 수 있습니다.

조직의 관점에서 이야기하자면 행복도가 높은 직원의 생산성은 31%, 매출은 37%, 창조성은 세 배가 높았다고 합니다(Shawn Achor, 2013). 일하는 방식을 개혁하자고 외치는 요즘 장시간 노동의 규제, 부업 해금, 여성의 활약 촉진 등 다양한 시책을 찾고 있는데, 앞으로는 '매력적인 인재 늘리기'라는 관점에서 인재를 육성하는 일도 필요합니다.

건강을 잃으면
모든 걸 잃는다

휴식은 게으름도 멈춤도 아니다

◇◇◇◇◇◇◇◇

아우라의 마지막 요소는 활력입니다. 아무리 힘이 있고 배려심이 있고 집중력이 있어도 항상 피곤해 보이고 변화를 두려워하며 행동하지 않는 사람에게는 아우라를 느낄 수 없습니다. 반면에 늘 활기차고 빛나며 즐거워하는 사람은 매력적으로 보일 수밖에 없습니다. 그런 에너지 넘치는 '활력'은 아우라를 만드는 중요한 요소 중 하나입니다.

활력에는 두 가지 종류가 있습니다. 하나는 신체적 활력이고, 또 하나는 사회적 활력입니다. 먼저 신체적 활력을 뜻하는 건강에 대해 살펴보도록 하죠.

타고난 지병이 있거나 아무리 노력해도 힘이 나지 않는 것은 누구에게나 있을 수 있는 일입니다. 그런 와중에도 자신의 몸을 보살피고, 건강을 중요시하는 자세가 신체적 활력입니다. 건강은 자본입니다. 건강을 잃으면 모든 것을 잃게 되기 때문이죠.

신입 시절, 일이 너무 쌓여서 점심을 거르고 업무를 계속했던 적이 있습니다. 그 모습을 본 상사는 '점심시간에 일하는 것만은 하지 말라'고 주의하면서 휴식의 중요성을 강조했습니다. 그런 상태에서 '나는 열심히 일하고 있다', '나는 점심을 먹지 않아도 쉬지 않아도 괜찮다'고 버텨본들 결국에는 한계에 부닥쳤을 겁니다. 그것은 활력이 있다고 말할 수 없습니다.

로이스 P. 프란켈은 『착한 여자는 부자가 될 수 없다』에 '여성이 조직에서 하기 쉬운 행동과 생각' 리스트를 소개했습니다. 대표적인 것을 예로 들자면 '휴가를 아끼고 지나치게 노력하는 것', '다른 사람의 일까지 맡아서 하는 것'입니다. 이러한 행동은 완벽주의와 남에게 맡기는 것을 어려워하는 성향 때문이겠죠.

반복해서 말하지만 매력적인 사람이란 무슨 일이든 혼자 도맡아서 그것을 완벽하게 처리하는 슈퍼맨 또는 슈퍼우먼을 뜻하는 게 아닙니다. 자신의 건강과 휴식, 여유를 희생하면서 살아가는 것도 아닙니다. 매력적인 사람은 자신이 할 수 없는 일은 할 수 있는 사람에게 맡기고, 자신의 인생을 개척해갑니다.

신체적인 활력을 소홀히 하는 행동은 오늘부터라도 당장 그만두세요. 당연하게 들리겠지만 건강한 식사, 휴식, 운동이 기본입니다.

인간은 크게 두 종류로 나눌 수 있습니다. 시간을 효율적으로 사용하는 사람과 그렇지 않은 사람이죠. 항상 마음에 여유가 있고 신체적 활력이 넘치는 사람은, 시간을 효율적으로 쓰고 일과 사생활에서도 초조해하지 않을뿐더러 휴식도 제대로 취합니다. 반대로 신체적 활력이 없는 사람은 '왠지 의욕이 안 난다'고 생각하면서 일하기 때문에 집중하는 시간이 짧고 질질 끌게 마련이죠. 그러다 문득 정신을 차려보면 시간이 없는 상황에 맞닥뜨리는 경우가 많습니다. 결과적으로 수면과 식사를 소홀히 하기 쉽죠.

한가로운 시간은
가장 큰 재산이다

시간을 아끼면 건강을 얻는다

◇◇◇◇◇◇◇◇

바쁜 와중에도 여유 있게 시간을 관리하고 신체적 활력을 유지하기 위해서 알아두면 편리한 요령이 있습니다. 일과 육아로 바쁜 여성이라면 건강한 식사와 휴식을 위해 시간 단축법과 정보를 최대한 모아 이용하세요. 일과 육아를 양립하는 여성들이 실천하고 있는 것을 몇 가지 소개합니다.

- 정기적으로 구입하는 물건은 정기 배송을 신청해둔다.
- 조금 비싸더라도 주문하면 금방 도착하는 서비스와 저렴하지만 배송 시간이 조금 걸리는 서비스(생협 등)를 복수로 등록해둔다.
- TV에서 얻던 정보를 인터넷이나 라디오로 수집한다.
- 아픈 아이를 보살펴주는 '병아 보육'과 발병 후 치료된 아이를 돌봐주는 '병후 보육' 등 어린이집 이외에 아이를 맡길 수 있는 곳을 복수로 등록해둔다(행정 및 민간 서비스를 최대한 활용한다).
- 집안일을 도와주는 기관이나 서비스에 등록하여 피곤할 때 언제든 의뢰할 수 있는 상태로 해둔다(실버 인재 센터, 헬퍼 매칭 어플 등).
- 가계부 쓰기, 명함 관리 등 사무 업무를 할 때는 저렴하면서도 효율적인 어플을 활용하여 잡무를 줄인다(무료 어플도 있다).

요즘은 인터넷 서비스가 나날이 충실해지고 있기 때문에 이 것을 활용하면 많은 시간을 절약할 수 있습니다. 예를 들면 쇼핑

하는 데 한 시간, 늘어져서 TV를 보는 데 한 시간, 잡무를 하는 데 한 시간, 총 세 시간을 줄일 수 있는 거죠. 일하는 데 들이는 시간이 줄어들었다는 것은 그만큼 여유 시간이 늘어났다는 뜻입니다. 그 시간을 신체적 활력을 유지하는 데 쓰세요.

시간 낭비는
인생 최대의 실수

잃어버린 시간을 찾는 법

◇◇◇◇◇◇◇◇

온라인이나 인터넷을 활용해서 시간을 단축하는 방법을 소개했습니다만, 애초에 자신이 어떻게 시간을 쓰고 있는지를 다시 생각해보는 것도 중요합니다.

'어느새 시간이 훌쩍 흘러버렸네?'

'정말 하고 싶은 일과 해야 하는 일은 해도 해도 끝나지 않네.'

만약 이런 생각이 든다면 다음과 같이 해보세요.

1. 일주일 동안 시간을 어떻게 썼는지 되돌아본다

먼저 자신이 어떤 일에 얼마만큼의 시간을 쓰고 있는지 10분 단위로 기록해보세요. '일', '식사', '수면'이라는 커다란 항목뿐 아니라 'TV 시청', '이불 속에서 뒹굴거리기', '반려동물과 놀기', 'SNS', '인터넷 서핑'과 같이 세세한 항목까지 써보세요. 일주일 동안 시간을 어떻게 쓰는지 빠짐없이 기록해보세요. 구글 캘린더 등 시간 관리 프로그램을 사용하면 시간과 수고를 줄일 수 있어서 편리합니다.

2. 쓸데없는 일에 쓰는 시간을 체크해본다

일주일간 시간을 어떻게 썼는지를 적은 다음에는 각 항목을 체크해보세요. '우선순위가 낮거나 쓸데없는 일에 쓰는 시간'에 색을 칠해보세요. 그러면 당신이 일상생활에서 얼마나 불필요한 일을 하고 있는지 알게 됩니다.

3. TV 시청 시간을 줄이려면 TV를 없애라

우리는 생각보다 의지가 강하지 않습니다. '빈둥거리며 TV를 보는 일은 그만하자', '스마트폰을 하는 시간을 줄이자'고 다짐해도 눈앞에 있으면 무심코 계속하게 됩니다. 그럴 때는 큰맘 먹고 TV를 버리거나 어플을 삭제해보세요. 의지뿐 아니라 수단을 바꿔보는 것도 한 가지 방법입니다.

"그래도 TV는 버릴 수가 없네요."

개중에는 이런 사람도 있을 텐데, 그렇다면 리모컨을 숨겨두거나 아침에 콘센트를 빼고 출근하는 등 작은 수고를 들이세요. 그것만으로도 무심코 빈둥거리던 습관을 멈출 수 있습니다.

실제로 이 방법을 따라 해보니 저의 시간 사용법에도 변화가 있더군요. 업무와 육아로 날마다 할 일이 산더미같이 쌓였지만, 그 와중에도 일주일에 한 번은 요가, 요리, 자기 전에 독서하는 시간을 확보할 수 있었습니다. 무엇보다 TV 시청을 그만둔 것이 가장 큰 영향을 준 듯합니다. 보고 싶은 영상은 유튜브에서 볼 수 있는 시대이고, 정보는 라디오와 인터넷으로도 충분히 얻을 수 있죠. 지금은 가족과 함께 시간을 보내거나 나를 돌보는 시간을 우선으로 하고 있습니다.

그 외에도 '밤중이나 휴일에 이메일 확인하기', '밤이나 주말에 손톱 정리하기', '손으로 가계부 쓰기', '집안일', '육아'와 같은 항목도 사람에 따라서는 다시 살펴볼 여지가 있습니다.

앞에서 말했듯이 모든 일을 자기 혼자서 하려고 애쓰기보다는 그 분야의 전문가에게 맡기는 것도 좋은 방법입니다. 확실히 비용은 들지만 그만큼 자신이 좋아하는 일에 시간을 쓸 수 있기 때문이죠. 결과적으로 '이득'이라는 생각이 든다면, 그 비용은 쓸데없는 지출이 아닙니다.

우리에게는 '바꿀 수 있는 것'과 '바꿀 수 없는 것'이 있습니다. 사람에게는 하루 24시간이 주어지지만, 이것은 아무리 위대한 사람이어도 바꿀 수 없습니다. 그러나 시간 사용법은 얼마든지 바꿀 수 있습니다. 다시 말해 시간을 어떻게 쓸지, 우선순위를 무엇으로 할지는 스스로 결정할 수 있는 것이죠. 그리고 우리가 가장 우선시해야 할 것은 건강입니다. 그것만은 잊지 마세요.

지금보다 나은 삶은
언제나 가능하다

좋아하는 것과 좋아 보이는 것을 구분하라

◇◇◇◇◇◇◇◇

지금부터는 나머지 하나 '사회적 활력'에 대해 살펴보도록 하죠. 사회적 활력이란 자신이 사회에 영향을 끼칠 수 있는 행위, 즉 영향력을 발휘할 수 있는 힘을 말합니다. 좀 더 알기 쉽게 설명하면 '하고 싶은 것을 하는 힘'을 뜻합니다. 자기 나름대로 하고 싶은 일을 찾고, 그것을 이루기 위해 행동하고 있을 때 사람은 매력적으로 보이게 마련이죠.

여기서 당부하고 싶은 것이 있습니다. 사회적 활력이란 나라를 바꾸려는 활동이나 사회 제도를 개선하려는 것과 같은 원대한 행동만을 뜻하는 게 아닙니다. 예전부터 흥미가 있던 요리를 배우러 무료 강습에 참가하거나 방의 구조를 바꾸거나 인사이동의 기회가 오면 잡는 것과 같이 당신이 외부를 향해 움직이는 행동은 모두 사회적 활력인 셈입니다.

하고 싶은 일이 있는 사람, 자신이 하는 일에 자신감을 가진 사람은 누가 봐도 매력적입니다.

가끔 '하고 싶은 일이 뭔지 모르겠다', '원하는 일을 하는 사람이 너무 부럽다'고 말하는 사람들이 있는데, 그들에게는 다음과 같이 조언합니다.

"매력을 갈고닦으려면 당신이 하고 싶은 일을 해야 합니다."

제가 아무리 강조해도 애초에 하고 싶은 일이 없다면 시작할 수도 없는 노릇이죠.

학력과 경력이 화려한 사람들 중에도 자신이 진심으로 하고 싶은 일을 모르는 경우가 많습니다. 여태껏 좋다고 여겨지는 길을 걸어온 탓입니다. 이를테면 부모의 기대에 따라 학교와 직업을 선택하고 어떻게든 합격점을 받은 것이죠. 그러나 결혼과 출산, 전직과 육아, 또는 파트너의 전직, 부모님 간병 등 정답이 없는 결단을 계속해야 하는 상황에 부닥쳤을 때는 눈앞이 캄캄해집니다. 마치 넓은 바다에 홀로 내팽겨진 듯한 기분이 들고, 어느 방향으로 가야 할지 몰라 길을 잃어버리고 마는 것처럼 말이죠.

마냥 기다리기만 한다고 좋아하는 일이 생길까?

◇◇◇◇◇◇◇◇

'좋아하는 것만 해서는 안 된다', '인생은 그렇게 만만치 않다'.

이런 말을 들으면서 자란 성실한 사람들은 정작 '하고 싶은 대로 사는 게 옳다'는 말을 들어도 어찌할 바를 모릅니다. 좋아하는 일을 하면 죄책감이 든다고 이야기하는 사람도 많습니다.

자신이 하고 싶은 일을 아직 찾지 못한 사람들은 자주 오해합니다. '인생을 걸고 몰두하고 싶은 목표나 비전, 하고 싶은 일은 어느 날 갑자기 하늘에서 뚝 떨어지는 것'이라고 말이죠. 조금 듣기 싫은 이야기가 될지 모르겠지만 마냥 기다린다고 해서 하고 싶은 일이 갑자기 생기는 것은 아닙니다. 운명적인 만남처럼 드라마틱한 것도 아니죠.

회사원으로 일하는 A 씨도 그랬습니다. 출판사에 근무하는 A 씨는 월간지 편집자로 날마다 바쁘게 일했지만, '하고 싶은 일이 보이지 않는 증후군'에 걸렸습니다. 어린 시절부터 동경하던 편집자가 되었는데 막상 일을 해보니 이 일이 천직인지 아닌지 알 수가 없었죠. 평일에는 일에 치이고 퇴근하면 집에 오자마자 잠자기 바쁩니다. 주말에는 애인 또는 친구와 밥을 먹거나 요리, 쇼핑 등 취미 생활을 즐기다 보면 순식간에 시간이 지나가버려서 또다시 월요일이 찾아옵니다. 이것이 무한 반복되고 있죠. 결혼해서 아이를 키우는 친구나 독립해서 열심히 일하는 친구를 볼 때마다 '내가 진짜 하고 싶은 일은 뭘까?'라는 생각과 함께 한숨이 나옵니다.

그런 A 씨가 가장 동경하고 부러워하는 사람은 회사를 그만 두고 잡화점을 개업한 친구 B 씨입니다. 그렇다고 해서 A 씨가 회사를 그만두고 창업할 마음이 있는 것은 아닙니다. 잡화를 좋아하거나 가게를 하고 싶은 것도 아니죠. 단지 좋아하는 일을 찾은 B 씨가 부러울 따름입니다. 그의 마음속 깊이 들어가보면 '언젠가는 나한테도 완벽한 꿈이 찾아오겠지'라는 착각이 있습니다. 그러나 B 씨는 분명 여러 시행착오를 거쳤을 겁니다. 처음부터 완벽하지 않았어도 작은 호기심을 가지고 계속 고민하고 도전한 끝에 잡화점을 차리게 된 것이죠. 그런데 그 과정을 따라 하지 않고 결과만 부러워한들 자신이 좋아하는 일은 끝내 찾을 수 없을 겁니다.

어떻게 원하는 것을
얻을까?

좋아하는 일을 찾는 방법

∞∞∞∞∞∞∞

여기에서는 '좋아하는 일을 찾는 방법'을 소개하겠습니다. 이것
은 제가 사람들을 코치할 때 자주 활용하는 방법입니다.

1. 꿈을 떠올려본다

흰 종이와 연필을 준비한 다음 자신의 꿈을 생각나는 대로 써
보세요. 이런 인생이면 좋겠다거나 이렇게 살고 싶다는 바람을
적어보는 거죠. 망상이어도 좋으니까 일단 현실은 무시하세요.
예를 들면 3년 후에 회사를 그만두고 바다가 보이는 마을에 빵

집을 연다, 승진해서 해외 지사로 발령을 받아 전 세계를 무대로 활발하게 비즈니스를 한다, 취미인 수채화를 전문적으로 배워서 주말에 미술 교실을 연다, 그 수업을 들으러 온 누군가와 함께 전시회를 연다, 전시회에서 우연히 재능을 인정받아 화집을 낸다 등과 같은 것입니다.

2. 한 시간 동안 써본다

손을 멈추지 말고 자신의 꿈을 한 시간 동안 계속 써보세요. 도중에 쓸 게 없거나 막막해질 수도 있지만 그래도 멈추지 말고 생각나는 것은 모두 쓰세요.

3. 리스트의 아래쪽부터 본다

한 시간 동안 다 쓰고 나면 손을 멈춥니다. 그리고 꿈 리스트의 아래쪽(마지막에 쓴 것)부터 순서대로 읽어보세요.

4. 조금만 시도해본다

아래에 쓴 것부터 현실에서 시도해보세요. 이때 중요한 점은 '아래쪽부터 조금만 시도'해보는 것입니다. 예를 들어 리스트의 가장 아래쪽에 '회사를 그만두고 농부가 되어 자급자족하는 생활을 한다'고 적었다면 그대로 실행하는 게 아니라 '씨앗을 사고 베란다에서 토마토를 키우는 것'부터 시도해보는 거죠.

5. 나에게 맞는 것을 찾는다

아래쪽부터 한 가지씩 조금만 시도해보면 '이것은 역시 나랑 안 맞아', '이건 의외로 재미있네'라는 것을 발견할 수 있습니다. 그것들을 조합하고 축적하면 '내가 좋아하는 일', '내가 하고 싶은 일'로 변할 가능성이 매우 큽니다.

좋아하는 일을 찾는 방법은 허미니아 아이바라가 쓴 책, 『마침내 내 일을 찾았다』를 바탕으로 한 것입니다.

작은 시도를 반복하라

◇◇◇◇◇◇◇

우리는 하고 싶은 일을 찾으려 할 때 무의식적으로 '실패 없이 할 수 있는 것', '해야만 하는 것', '누군가의 기대에 따른 것'을 떠올립니다. '이런 인생이면 좋겠다'고 생각하며 쓰기 시작한 꿈 리스트의 앞부분은 아마도 그러한 내용이 들어 있을 겁니다. 아래쪽으로 갈수록 무리하게 생각을 짜낸 것이 많을 텐데, 그중에서 '마음속 깊이 담아두었던 생각의 씨앗'이 떠오르는 경우가 있습니다. 그 씨앗을 발견하는 것이 이 활동의 목적입니다.

'조금만 시도'하는 것은 이 씨앗에 물을 주는 행동입니다. 갑자기 모든 것을 실천하거나 바꾸는 게 아니라 한쪽 발을 한 걸음 앞으로 내밀어보고 감촉을 확인하는 것입니다. 일단 시도해보고 마음에 들면 한 발짝 더 나아가고, 위화감이 들면 멈추세요. 그러고 나서 다른 꿈을 살짝 시도해보세요. 이렇게 반복적으로 시도한 것이 축적되어 당신이 '좋아하는 일', '하고 싶은 일'로 바뀝니다.

완벽하지 않으면 실천할 수 없다는 완벽주의자의 착각은 던져버리세요.

위대한 나의 발견
강점 혁명

강점이란 무엇인가

◇◇◇◇◇◇◇

"당신의 강점은 무엇인가요?"

누군가가 이렇게 물었을 때, '제 강점은 이것입니다'라고 즉시 답할 수 있나요? 한동안 생각에 잠기는 사람도 많을 겁니다.

우리가 일을 하면서 쌓아온 강점에는 두 가지 중심축이 있습니다. 하나는 '스킬'이고, 또 하나는 '기초력'입니다. 이것은 등산에 비유하면 이해하기 쉽습니다.

등산을 하기 전에는 등산에 대해서 자세히 알아둘 필요가 있습니다. 오르려고 하는 산의 특징과 그날의 날씨뿐 아니라 지도 읽는 법, 등산 도구 사용법과 같은 전문 지식 등을 말이죠. 이것이 스킬입니다. 산에 오를 때는 등산에 대한 스킬이, 강에서 헤엄을 칠 때는 강에 대한 스킬이 필요합니다. 경리 담당자가 되려면 경리 지식이, 인사 담당자가 되려면 인사 지식이 필요합니다.

등산을 할 때는 인내력, 지구력, 꼼꼼함, 포기하지 않는 힘이 필요합니다. 함께 산을 오르는 사람이 있다면 리더십이나 팔로우십, 커뮤니케이션 능력도 갖춰야 합니다. 그뿐 아니라 산을 오르거나 강을 헤엄칠 때는 기초 체력도 있어야 하죠. 이것을 통틀어서 기초력이라고 합니다. 단 지금까지는 낮은 산에 올랐지만 머지않아 에베레스트에 오르고 싶다면 지금까지와는 차원이 다른 기초력을 키워야 할 것입니다.

할 수 있는 일부터 시작하라

◇◇◇◇◇◇◇

이 두 가지 시점으로 당신이 지금까지 단련해온 것들을 되돌아봅시다. 당신은 어떤 스킬과 기초력을 익혀왔습니까? 아무것도 없을 리는 없습니다. 자신의 강점이 무엇인지 알게 되었다면 꼭 그것들을 앞으로의 활동에 활용해보세요. 사람들을 뭉치게 하는 힘이 있다면 봉사활동에서 팀 만들기를 도와주고, 회계 지식이 있다면 회계 초보자를 위한 워크숍을 열어보는 겁니다. 생각보다 할 수 있는 일이 굉장히 많습니다. 그러한 활동을 하다 보면 저절로 활력이 생기게 마련입니다.

하고 싶은 일을 못 찾겠다거나 아무런 활동도 할 수 없다면 우선은 자신이 '할 수 있는 일'을 해보세요. 그러다 보면 조금씩 자신의 기준이 명확해질 겁니다.

제 클라이언트 중에는 해외에서 살고 있는 멋진 여성이 있습니다. 그녀는 화려한 경력을 가지고 있었지만 좀처럼 자신이 하고 싶은 일을 찾지 못했습니다. 게다가 자신의 강점을 몰라서 자신감도 없었죠. 그녀에게 다음과 같이 조언했습니다.

"하고 싶은 일을 처음부터 무리해서 찾으려 하지 말고, 우선은 할 수 있는 일을 조금씩 시도해보는 게 어떨까요? 실패하더라도 신경 쓰지 말고 일단 해보는 거예요. 한다는 데 의의를 두

는 게 중요해요. 나랑 안 맞는 것 같으면 언제라도 그만두면 되
니까 부담 가질 필요도 없죠."

그랬더니 안심하면서 지금 할 수 있는 일을 시도하게 되었고,
다양한 사람을 끌어들이더니 특이하고 재미있는 워크숍을 몇
번인가 개최하더군요.

그녀는 처음에 '하고 싶은 일을 모르겠다'고 말했지만 조금씩
시도해보는 경험을 통해서 자신에게 맞는 것과 맞지 않는 것을
알게 되었습니다. 그뿐 아니라 자신이 '할 수 있는 일', '할 수 없
는 일', '하고 싶은 일', '하기 싫은 일'이 점점 명확해졌습니다.

그녀는 현재 자신이 가지고 있는 매력을 발휘하면서 할 수 있
는 일을 조금씩 시도하고 있습니다. 이런 시도를 반복하면서 속
도도 올리고 있죠.

자신의 활력을 마음껏 발휘하고, 잘하는 일을 조금이라도 쉽
게 찾고 싶은가요? 그렇다면 '하고 싶은 일'을 하기 전에 '할 수
있는 일'을 먼저 시도하는 게 좋습니다.

이것을 행동으로 옮기고, 다른 사람에게 전달하는 것이 사회
적 활력입니다. 혼자서 즐기는 것도 좋습니다. 그러나 자신이 어
떤 것을 좋아하고 어떤 활동을 하는지를 타인에게 알리면 여러
가지 정보가 모여서 더욱 활발하게 활동할 수도 있습니다.

'다른 사람에게 알리는 게 부끄럽다', '비난당할지도 모른다'

는 생각이 들어도 그 두려움을 꼭 떨쳐버리세요. 좋아하는 활동을 비난당한다고 해서 당신의 존엄성에 상처가 나는 것은 아니니까요. 그런 활동을 할수록 오히려 당신의 활력 넘치는 아우라에 사람들은 매료될 것입니다.

나는 의심한다 고로 존재한다

자연스러운 것이 모두 당연한 것은 아니다

◇◇◇◇◇◇◇

'내가 하고 싶은 일을 하고, 되고 싶은 사람이 된다.'

그런 목표를 향해 한 걸음을 내디디는 것은 당신의 매력을 만드는 활력이 됩니다. 무언가에 도전하는 모습은 누가 봐도 아름답습니다. 어떤 일에 즐겁게 열중하는 사람을 보면 주변 사람들은 '멋지다'고 느끼고 마음을 빼앗기게 되죠.

만약 하고 싶은 일이 있는데도 '주변에서 어떻게 바라볼지 생각하면 부끄럽다', '가족과 친구가 반대할지도 모른다'는 생각에 행동으로 옮기는 것을 주저하고 있다면 그 장벽을 없애려고 노력해보세요. 사람들이 상식이라고 여기는 사고방식이나 당신 마음속에 자리 잡은 규칙을 다시 한 번 살펴볼 절호의 기회이기 때문입니다.

당연하게 여겼던 일들을 잘 생각해보면 사실 당연하지 않습니다. 이것을 깨닫게 해준 사람은 한 콜롬비아인 여성입니다. 그녀는 현재 전 세계를 무대로 활약하고 있는 사업가인데, 제가 처음 만났을 때는 와세다 대학의 유학생이었습니다. 학부도 나이도 달랐지만 대학 시절 긴 시간을 저와 함께한 친구이죠. 그녀는 일본인이 당연하게 생각하는 것들이 너무나도 이상한지 늘 끊임없이 질문했습니다. 특히 일본인 여성이 일하는 방식에 가장 큰 의문을 품었습니다.

"왜 일본인 남편은 가족과 좀 더 시간을 보내지 않는 거야?"

"왜 여자는 출산 후에 일을 그만둬야 하는 거야?"

"왜 집안일은 여자 혼자 다 하는 거야?"

그야말로 '왜?'라는 질문의 연속이었습니다. 당시 저는 '원래 그런 거지 뭐'라고 당연하게 받아들였습니다. 근본적인 이유를 생각해본 적도 없기 때문에 새삼스레 그런 질문을 들어도 '왜냐하면 원래 그런 그러니까'라고 대답할 수밖에 없었죠. 따져보면 '원래 그런 것'이라는 막연한 기준에 얽매여 있었을 뿐입니다. 특별히 그런 규칙 같은 게 없었는데도 말이죠.

저에게는 당연한 일이었지만 그녀에게는 당연한 일이 아니었습니다. '당연한 일'이란 사람마다 조금씩 차이가 있는 법이니까요. 따라서 자신에게 당연한 일과 타인에게 당연한 일이 같을 필요는 없습니다. '세상일이 원래 그런 거잖아'의 '그런 것'은 타인이 만든 가치관에 불과합니다. 곰곰이 생각해보면 자신의 행위를 제한할 만큼 엄격한 것도 아닙니다.

위에서부터 떨어지면 된다

앞에서 당신의 행동을 가로막는 장벽에 대해서 이야기했습니다. '주변에서 어떻게 바라볼지 생각하면 부끄럽다', '가족과 친구가 반대할지도 모른다'와 같은 생각이죠. 이런 장벽에 부딪혔을 때는 '비난하는 시선으로 나를 바라보는 사람이 누군지', '나에게 반대하는 가족과 친구가 누군지'를 최대한 구체적으로 생각해보세요. 그런 사람이 의외로 적다는 것을 깨닫게 될 겁니다. 주변 사람 모두가 나를 비난한다고 생각했는데 알고 보니 (그런 사람은) 상사뿐이었다. 가족과 친구 모두가 나를 반대한다고 생각했는데 사실 (그런 사람은) 엄마뿐이었다. 나머지 사람들은 모두 나를 응원하고 있었다. 이런 경우가 자주 있습니다. 그런 소수의 사람들 때문에 행동으로 옮기지 못하고, 인생의 고삐를 놓치는 것은 너무나 아깝지 않나요?

타인이 만든 가치관에서 일단 빠져나오면 새로운 한 걸음을 내딛는 것이 더 이상 무섭지 않을 것입니다. 그리고 새로운 한 걸음을 내딛는 순간 그것은 당신의 활력이 되고, 매력이 됩니다.

명예로운 상을 수차례 수상한 바 있는 사진작가 스기모토 히로시는 아우라 넘치는 존재감을 가진 인물이죠. 그는 누구에게도 인정받지 못하던 신출내기 시절에 미국으로 갔습니다. 무명 사진작가였지만 근대 미술의 전당이라 불리는 뉴욕 현대 미술관(MoMA)에 포트폴리오를 제안했습니다. '맨 위부터 공격하는 게 나의 철학'이라는 신념 때문이었죠. 그는 이렇게 마음먹었습니다.

'최고의 미술관에 작품을 보여주고 안 되면 아래로 내려가면 그만이다. 그것이 나의 가치이다.'

그는 처음부터 뉴욕 현대 미술관에서 전시회를 여는 데 성공했는데, 한 인터뷰에서 다음과 같이 말했습니다.

"그게 당연하지 않나요? 왜 모두들 밑에서부터 올라가야 한다고 생각하는 걸까요? 저는 오히려 그게 더 신기해요. 위에서부터 떨어지면 되지 않나요? 이게 역발상인가요?"

이것이 사회적 활력의 대표적인 예라고 할 수 있습니다. 설령 무명이라 해도 자신의 활동을 사회 속에 드러내는 것이죠. 지금은 아우라가 있다는 말을 듣는 사람도 처음부터 그랬던 것은 아닙니다. 작은 한 걸음이라도 '첫발'을 내디딜 수 있느냐 없느냐, 자신의 결단을 믿고 행동할 수 있느냐 없느냐에 따라 아우라와 매력을 가진 사람과 갖지 못한 사람으로 갈라집니다.

이 장에서는 매력의 마지막 요소인 아우라에 대해 설명했습니다. 아우라는 '힘', '배려', '집중력', '활력'이라는 네 가지 요소로 구성되어 있다는 것과 그것들을 갈고닦는 방법에 대해서 이야기했습니다.

아우라는 특별한 사람만이 풍기는 분위기가 아니라 누구나 가질 수 있는 것이라는 사실을 이제는 모두 알아차렸을 겁니다.

일도 사람도 내 것으로 만드는 매력 습관 5

"아니, 왜 별것도 아닌 일로 유난을 떨어.
　나 때는 말이야……."

"너만 힘든 거 아니야. 너만큼 힘들게 사는 사람도 많아."

→ 자기주장(또는 경험)을 앞세우며 자꾸 가르치려 든다.

"네 말이 맞아. 나 같아도 그런 마음이 들겠다."

"많이 힘들지? 그래도 잘하고 있어!"

→ 타인에 대한 공감 능력이 아주 뛰어나다.

must have 6

∞

습관

"비호감에서 호감으로
거듭나는 방법"

알면서 왜
실천하지 못할까?

안정을 추구하면 성장이 멈춘다

◇◇◇◇◇◇◇

1장과 2장에서는 여성이 경력을 쌓고 싶을 때 또는 조직 안에서 길을 개척하고 싶을 때, 매력이 얼마나 중요한지를 설명했습니다. 매력이란 'IQ, EQ, 공헌심'이라는 토대와 그 위에 있는 '외모, 몸짓, 아우라'를 총칭합니다. 이 책에서는 '외모, 몸짓, 아우라'에 중점을 두고 그것을 어떻게 갈고닦을 것인지를 제가 만난 일류 경영자들의 경험을 바탕으로 소개했습니다. 3장에서는 외모, 4장에서는 몸짓, 5장에서는 아우라에 대해 설명하고, 실생활에서 활용할 수 있는 방법을 구체적으로 제시했습니다.

이 책에서 소개한 방법들은 너무나 '당연한 것'일지도 모릅니다. 하지만 그 당연한 것을 얼마만큼 실천하느냐에 따라 앞으로의 인생도 달라질 겁니다.

'아는 것'과 '행하는 것' 사이에는 커다란 벽이 존재합니다. 사람은 아웃풋을 하는 것보다 인풋에 머무르는 것을 좋아하기 때문입니다. 그러는 편이 리스크도 없고 실패도 적기 때문이죠. 하지만 진정으로 자신을 바꾸고 싶다면 한 발짝 내디뎌보세요.

'형식'부터 갖추라는 말에 위화감을 느끼는 사람도 있을 테고, '별 매력도 없는데 매력적인 행동 따위 할 수 있을 리 없잖아'라고 생각하는 사람도 있을지 모르죠. 하지만 그렇지 않습니다. 오히려 그 반대입니다. 매력적인 행동을 하기 때문에 매력적으로 보이는 겁니다. 그렇게 매력적인 사람이 되는 것이죠. 매력의 기술을 습득하는 가장 빠른 방법은 '형식'부터 갖추는 것입니다.

51쪽의 그림을 떠올려보세요. 1장에서 말한 것처럼 ①FQ만을 신경 쓰고 ②토대를 소홀히 한다면 그저 속 빈 강정 같은 사람이 되고 맙니다.

그러나 우리는 지금까지 내면을 충실히 가꾸는 데 많은 시간과 힘을 쏟았습니다. 어떻게 업무 지식을 배울까, 어떻게 감정 컨트롤을 할 것인가, 어떻게 타인을 도와줄까. 그러한 인풋은 충분히 했을 겁니다. 완벽한 수준은 아니어도 어느 정도의 경험은 저마다 가지고 있을 겁니다.

따라서 이제는 ①FQ를 배우고 실천할 단계입니다. FQ, 즉 매력지수는 지금까지 주로 연애 분야에서 언급되었으며, 자기다운 삶과 일하는 방식이라는 점에서는 경시되었습니다.

그러나 지금처럼 한 치 앞을 내다볼 수 없는 시대에는 매력지수가 아주 중요합니다. 특히 스스로 미래를 개척해나가야 하는 많은 여성들에게는 필수 요소라고 생각합니다. 그러니 매력지수를 높일 수 있도록 힘써야 합니다. 여성과 함께 조직을 만들어갈 남성들도 꼭 실천해주길 바랍니다.

완벽하지 않은 것이
더 아름답다

완벽해야 한다는 착각을 버려라

◇◇◇◇◇◇◇

매력을 가꾸려고 해도 잘 안 된다고 말하는 사람들이 있습니다. 왜 이런 일이 생기는 걸까요? 그것은 콤플렉스가 방해하기 때문입니다. 어쩌면 콤플렉스는 완벽하지 않은 자신을 인정하기 싫은 마음일지도 모릅니다.

지금은 여러분에게 매력에 대해 알려주는 입장이지만, 예전에는 저도 콤플렉스 덩어리였습니다. 그것을 메우려고 엄청나게 발버둥 쳤죠. 콤플렉스를 없애기 위해서는 완벽한 사람이 되어야 한다고 착각했습니다.

제가 처음으로 콤플렉스를 가진 것은 초등학생 때였습니다. 다른 아이들보다 얼굴이 까매서 괴롭힘을 당한 것이 계기였죠. 남과 다르다는 이유로 비웃음을 당하는 일은 초등학생의 마음에 상처를 주기에 충분했습니다.

'어차피 나는 안 될 거야.'

이런 비굴한 기분이 들었던 걸 아직도 생생히 기억합니다. 또 한편으로는 '어떻게든 다른 사람에게 인정받고 싶다'는 마음이 아주 강한 아이였습니다.

대학생이 된 저는 배낭족으로 전 세계를 돌아다니기 시작했습니다. 그 후 처음으로 해외 유학을 경험했고, 다양한 나라의 사람들과 만나면서 관계를 맺게 되었죠. 그 과정에서 제가 얼마나 우물 안 개구리로 살았는지, 편향된 가치관을 가졌는지를 깨달았습니다.

당연한 말이지만 어느 나라든 사람마다 피부색이 다르고 얼굴 생김새도 다릅니다. 오랫동안 콤플렉스였던 제 까무잡잡한 피부를 '건강해 보이고 아름답다'고 말해준 사람도 있습니다. 계속 고민했던 '남과 다른 점'을 결점으로 느끼지 않는 세계에서 진정한 자유와 해방감을 느꼈습니다. 이 충격과 해방감이 엔진이 되어 다음과 같은 생각을 하게 되었습니다.

'다른 사람들과 더 많은 관계를 맺고 싶다. 다양하고 낯선 문

화 속에 뛰어들고 싶다. 이미 어른이 된 사람들일지라도 더 성장하게 만들고 싶다.'

그 후 저는 와세다 대학 대학원에서 해외 성인 교육을 연구하면서 다양한 단체에서 인턴십을 경험했습니다. 그러고 나서 PR 회사, 국제 NPO, 컨설팅 회사 등에서 일하며 경력을 쌓고, INSEAD에서 석사 과정을 밟은 다음 창업을 했습니다.

현재는 일본뿐 아니라 다양한 나라의 사람들과 프로젝트를 진행하면서 경영자 및 경력 있는 여성들에게 코칭과 기업 연수를 하고 있습니다. 제가 만삭이던 때 남편이 해외 근무 발령을 받는 바람에 일본에서 혼자 육아를 하면서 일과 가정을 양립하고 있죠.

대학 시절, 해외에서 경험을 쌓은 덕분에 오랫동안 가지고 있던 콤플렉스에서 벗어날 수 있었습니다. 예전에는 '까무잡잡한 피부'가 너무나 싫었는데 이제는 '피부색이 달라도 그것은 그 나름대로 괜찮다, 다양성은 멋지다'고 생각하게 되었죠. 까무잡잡한 피부 콤플렉스는 완전히 사라졌습니다.

고통스러울 때 새로운 것을 꿈꾼다

◇◇◇◇◇◇◇◇

한편 전 세계에서 인정받은 전문가들을 만나면서 또 다른 콤플렉스가 생겼습니다. 그들은 하나같이 매력적이었는데, 그런 모습을 볼 때마다 열등감을 느꼈습니다. 그들과 저를 비교하고, 제 부족한 부분에만 몰두하게 된 것입니다. 전에는 피부색만 비교했는데 이제는 비교 대상이 끝없이 늘어났죠.

'그들에 비하면 나는 영어도 못하고, 업무 능력도 떨어지고, 지식도 부족하고, 사람을 사로잡는 힘도 없잖아.'

이렇게 모든 것을 타인과 비교하다 보니 우울해졌습니다. 그 막연한 부족함을 채우기 위해 또다시 공부를 시작하고 강연을 들으러 다녔지만, 그럴수록 점점 더 허무해질 뿐이었죠.

그 허무함이 사라진 결정적 계기는 완전히 실패한 후 밑바닥을 친 것이었습니다. 특히 INSEAD에 입학한 것과 창업한 것, 이 두 가지 경험이 저를 바꾸었습니다. 아무리 공부하고 노력해봐도 완벽해지지 않았고, 특히 창업은 앞이 보이지 않는 진흙탕 속에서 온 힘을 다해 헤엄치는 것과 같은 경험이었죠.

뜻대로 되지 않는 일과 부끄러운 실패가 계속되었습니다. 자존심이 셌던 저는 뭘 해도 잘 풀리지 않는, 실패가 계속되는 상황에서 좌절했죠. 그렇게 밑바닥 생활을 하면서 문득 깨달은 바가 있습니다. 부족함은 나의 강점이자 매력이 된다는 것이죠.

INSEAD에서 '자신의 약점'에 대해 논의한 적이 있습니다. 모든 게 완벽해 보이던 동급생들이 인생에서 맛본 실패와 고통스러운 경험, 트라우마, 아직도 극복하지 못한 괴로움 등을 털어놓았죠. 수억 엔을 손해 봤다, 어린 시절에 학대를 당했다, 부부 관계에 문제가 있다, 경력에 불안을 느낀다, 불임 때문에 괴롭다, 엄마가 되는 게 무섭다, 자신을 좋아할 수가 없다……. 그것은 모두 충격적인 고백이었습니다. 하지만 그들의 약점과 부족한 점을 알게 되었을 때, 실망하기는커녕 전보다 더욱 좋아하게 됐습니다. 그리고 그들이 더욱 매력적으로 보였습니다.

항상 긍정적이고 활기가 넘치며 일을 완벽하게 해치우는 사람을 보면 '대단하다'고 감동합니다. 그런데 너무 완벽한 사람과 함께 있으면 피곤해질 때도 있습니다. 스스로 완벽을 추구하는 사람은 자기도 모르는 사이에 점점 타인에게도 완벽을 요구하기 때문입니다. 머지않아 상대방도 그것을 알아차리죠. 그러면 서로 숨 막히는 관계가 되어버립니다.

우리는 어딘가 무른 구석이 있고 때로는 약한 소리를 하는 사람에게 더욱 친밀감을 느낍니다. 콤플렉스를 가지고 있으면서도 노력하는 사람에게 훨씬 더 마음이 끌리는 법이죠. 콤플렉스에 집착하지 않고, 유머로 승화시킬 수 있는 사람은 대단히 매력적입니다.

Tip 콤플렉스를 유머로 바꾸는 힘

바비 브라운 화장품의 창립자이자 여성의 경제적 자립을 지원하는 활동가로도 유명한 바비 브라운. 그녀는 20대에 메이크업 아티스트로 미용 업계에 발을 들였을 때 콤플렉스덩어리였다고 합니다.

"저는 금발도 아니고 눈도 파랗지 않아요. 게다가 키도 150센티미터밖에 안 되고요. 날마다 아름다운 모델들에게 둘러싸여 있으니 제가 미인이라고는 도저히 생각할 수 없더라고요."

그때는 자신의 외모를 좀처럼 받아들일 수 없었는데, 50대가 되어 과거의 자신을 돌이켜보니 깨달은 바가 있다더군요.

"그때로 돌아갈 수 있다면 모델이나 여배우랑 비교하는 일은 절대로 하지 않을 겁니다. 있는 그대로 충분히 아름답고 매력적인 나를 그냥 받아들일 겁니다."

콤플렉스 덩어리였던 그녀가 자신을 있는 그대로 받아들이게 된 데는 유머의 역할이 컸다고 합니다. 끙끙대고 고민하던 콤플렉스와 정면으로 마주하고, 거울 속의 자신에게 낙담하거나 콤플렉스를 없애려고 발버둥 치지 않고 콤플렉스를 유머로 바꿔버린 거죠.

예를 들어 모델이나 농구 선수 등 키가 큰 사람들과 함께 사진을 찍고 모으기 시작한 것도 그런 것 중 하나입니다. 그 사진 컬렉션은 보는 사람을 자연스레 웃음 짓게 만들지만 결코 자학적이거나 경박하진 않습니다. 주변 사람을 웃게 만드는 그녀만의 뛰어난 유머 감각이 흘러넘칠 뿐이죠.

유머에는 콤플렉스로부터 벗어나게 해주는 힘이 있다는 사실을 깨달은 후부터 그녀는 운동화도 애용하게 되었다고 합니다. 키를 커 보이게 하거나 스스로를 속이지 않고, 자연스러운 자기 모습 그대로도 충분히 즐겁게 살 수 있다는 걸 알아차린 거죠. 나이를 먹어도 여전히 일선에서 활약하고 있는 그녀는 아주 매력적입니다. 콤플렉스를 활력으로 바꾼 덕분에 많은 사람들에게 유쾌한 매력을 발산하고 있죠.

실패는 도전했다는 증거

◇◇◇◇◇◇◇

'벚꽃은 만개한 것이 가장 아름답고 달은 보름달이 가장 운치

있다.'

사람들은 이렇게 완벽한 아름다움에만 끌리는 게 아닙니다. 오히려 떨어지는 꽃과 기울어가는 달을 보며 쓸쓸함을 즐기는 사람도 많습니다. 언뜻 시시하고 보잘것없어 보이는 것에도 아름다움이 깃들어 있기 때문이죠. 연약한 아름다움을 이해하고 있는 것 자체가 매력적인 겁니다.

매력적인 사람이 되고, 매력을 가꾸기 위해서는 모든 일을 완벽히 해내는 슈퍼맨 또는 슈퍼우먼이 되어야 한다고 생각하지 마세요.

인간은 완벽한 존재가 아닙니다. 부족하기 때문에 그것을 채우기 위해 노력하죠. 그래서 다른 사람과 관계를 맺고, 그들의 약점도 너그럽게 받아들이는 겁니다. 완벽하지 않기 때문에 실패를 하더라도 받아들일 수 있는 것이죠. 또한 실패를 거듭한다는 것은 그만큼 도전했다는 증거입니다. 따라서 점점 자신감이 붙을 겁니다.

친구에게 선물 받은 책에 다음과 같은 시가 있더군요. 이 시는 미국 켄터키주에 살고 있는 85세 할머니가 쓴 것입니다. 그 일부를 소개합니다.

만약에 인생을 다시 산다면

만약에 인생을 다시 산다면,

이번엔 더 많이 실패하고 싶다.

쓸데없는 힘을 빼고

언제나 느긋하게 살기.

그리고 이상한 일을 많이 하기.

이제 무엇이든 심각하게 받아들이는 것을 관두기.

기회가 있으면 몇 번이든 도전하기.

(중략)

분명히 지금보다

문제는 늘어날지도 모른다.

하지만 머릿속에만 있는 걱정은 줄어들겠지.

앞으로도 인생은 계속될 것이고, 사는 동안 우리는 몇 번이든 실패를 하게 될 겁니다. 부족한 점들 때문에 눈을 감고 싶어질 때도 있을 테죠. 하지만 실패와 약점을 유머와 웃음으로 바꿔버리면 그것만큼 든든한 것도 없습니다. 이러한 것들은 모두 깊은 매력을 갖춘 멋진 사람이 되기 위한 중요한 과정이기도 합니다.

가면을 벗고
민낯을 드러내라

가끔은 가면을 던져버리자

특히 여성들은 부족한 점을 받아들이는 것과 동시에 한 가지 더 알아둬야 할 것이 있습니다. 그것은 '사기꾼 증후군'입니다.

사기꾼 증후군이란 스스로를 낮게 평가하고, 유능하다는 말을 들으면 마치 주변을 속이고 있는 듯한 마음이 드는 증상으로 '임포스터 신드롬'(Imposter syndrome)이라고도 부릅니다. 스스로를 낮게 평가하기 때문에 사회에서 성공을 해도 자신의 힘으로 이루었다고 생각하지 못하고 그저 운이 좋았다고 믿어버립니다. 이런 증상은 주로 여성들에게 많이 나타나는데, 실력이 탄로 날까 두렵다는 이유로 승진을 거절하는 등 출세에 장애물이 되고 있습니다. 이것은 동양뿐 아니라 전 세계 여성이 공통적으로 안고 있는 문제입니다.

유명한 모 경영 대학원에서는 여학생과 남학생의 성적이 입학할 때는 비슷했는데 졸업할 때는 여학생의 성적이 낮은 것으로 나타나 문제가 되었습니다. 그 대학원은 수업 때 발언하는 것을 중요하게 생각하며, 그것을 성적에 반영한다고 합니다. 이것이 바로 성별 간 성적 차이의 이유인 것이죠.

남녀의 성적 차이에 대해 조사한 팀에 따르면 남성은 어깨를 꼿꼿이 펴고 자신 있게 발언하는 한편, 여성은 몸을 바짝 움츠리고 쭈뼛거리면서 발언하기 때문에 몹시 불안해 보였다고 합니다. 이렇듯 여성은 남성과 똑같은 능력을 갖고 있어도 소극적으로 행동하며 자신을 낮추는 경향이 있습니다. 유능할수록 '겉보기에는 유능해 보이지만 남들 앞에서 말하면 내가 얼마나 무능한지 들켜버릴 거야'라고 생각하며 불안해하죠. 여배우 엠마 왓슨도 이 증상을 겪고 있다고 말한 바 있습니다.

매력을 갈고닦는 도중에 '진짜 내 모습은 훨씬 못났는데'라는 마음이 든다면 이 증상을 떠올려보세요. 아무리 능력 있고 매력적인 여성이라도, 이런 기분을 느낀다는 것을 기억하세요.

무력감은 무능함보다 더 무섭다

◇◇◇◇◇◇◇◇

심리학 용어 중에 '학습된 무력감'이라는 말이 있습니다. 이것은 힘든 상황이 지속되면 기력을 잃어버려 그 상황에서 벗어나려는 시도나 노력도 하지 않고, 뭘 해도 안 된다는 강한 무력감에 빠지는 증상입니다. 그런 상황을 관찰하는 사람에게도 전염되는 무서운 것이죠. 요즘 여성들이 처한 상황은 학습된 무력감에 가까운 듯싶습니다.

'다른 사람이 나를 좋아했으면 좋겠다', '실망시키고 싶지 않다'. 이렇게 사람은 누구나 인정받고 싶은 욕구를 가지고 있습니다. 모두에게 호감을 얻을 수 없다는 것을 알면서도 자꾸 욕심이 생겨 누군가에게 좋은 사람이 되고 싶어 하죠. 그래서 자신의 진짜 욕망을 억누르고, 안간힘을 쓰며 주어진 역할을 해냅니다. 동시에 자신이 즐기는 것, 뜻대로 살아가는 것, 타인의 기대에 부응하지 못하는 것에 대해서는 죄책감을 갖기 쉽습니다.

하지만 무기력이 학습되는 것이라면 살아갈 기력도 틀림없이 학습할 수 있습니다. '답답하게 사는 좋은 사람'을 그만두고, 좀 더 자유롭고 매력적인 '있는 그대로의 나'로 살아갈 수 있습니다. 본색이 드러나는 걸 두려워할 게 아니라 설령 드러난다 한들 자신에 대한 평가가 내려갈 리 없다는 신념을 배울 수도 있습니다. 자기감정에 솔직해지고, 주변의 평가에 신경 쓰긴 하겠지만 그것이 전부라고는 생각하지 않게 되죠. 주변 사람에게 어떻게 보일지보다 자신을 돌보는 데 애정을 쏟기 때문에 '타인'과 '자신'을 비교하면서 우울해할 일도 없습니다. 이렇게 된다면 좀 더 즐겁게 살아갈 수 있지 않을까요?

넘어지지 않으면
일어설 수 없다

끝이 있어야 시작도 있다

◇◇◇◇◇◇◇◇

우리가 변화를 겪을 때 반드시 거치는 과정이 있습니다. 208쪽의 그림은 다양한 학자가 주장하고 있는 '진로 정체감'(Career identity)의 변천을, 우리가 변화하는 과정으로 정리한 것입니다 (INSEAD slides).

    무언가가 끝났을 때가 '변화의 시작점'입니다. 좋든 싫든 지금까지 익숙했던 생각과 장소가 왠지 모르게 불편해지거나 전근, 결혼, 도산, 이혼 등 갑작스런 일 때문에 강제적으로 무언가를 끝내게 되는 경우도 있습니다. 그러면 서서히 기분이 가라앉고 마음 둘 곳을 잃어버린 탓에 알 수 없는 초조함에 시달립니다. 분노, 자기 부정, 불확실한 미래, 모든 것이 불공평하게 느껴지는 기분. 이렇게 다양한 부정적인 감정이 몰려오는 거죠.

【 우리가 변화하는 과정 】

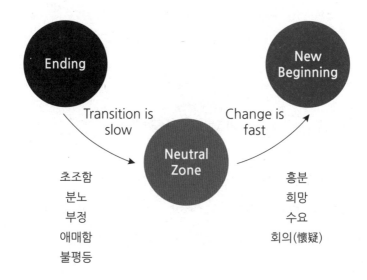

가장 침울해지는 지점을 '뉴트럴 존'(Neutral Zone)이라고 부릅니다. 여기가 가장 괴롭고 오래가는 곳입니다. 주변 사람은 모두 대단해 보이고, 자신은 하찮은 존재로 보이는 거죠. 이 구역은 아무리 멋진 사람이라도, 일류라 불리는 사람이도 반드시 거치게 됩니다. 변화를 위해서는 피할 수 없는 구역이죠.

비유하자면 바닷속 가장 깊은 곳에서 잠수하는 듯한 감각입니다. 가라앉은 듯한 느낌으로 너무나 우울하고, 주위가 묘하게 조용하며, 새로운 움직임도 보이지 않죠. 그러나 정체를 알 수 없는 압력도 강하게 느껴집니다. 이 말만 들으면 '이 구역은 없는 게 낫다, 빨리 빠져나가고 싶다'고 생각할지도 모릅니다. 하지만 이것은 나란 무엇인가, 사명이란 무엇인가, 무엇을 바꾸지 않으면 안 되는가를 진지하게 생각하기 위한 중요한 과정입니다. 이것을 가볍게 넘겨버리면 어떻게 될까요? 정말로 하고 싶은 일을 진지하게 생각하지 않고, 일단 할 수 있는 일부터 시작하는 바람에 또다시 새로운 '무언가의 끝'을 불러올 뿐이죠.

이런 과정을 겪고 있다면 사회적 활력에서 소개한 '좋아하는 일을 찾는 방법'을 꼭 한 번 실천해보세요. 하고 싶은 일이 보이지 않아도 마음속에 있는 생각의 씨앗을 줍고, 선택지를 차곡차곡 쌓아 올려보세요. 그리고 행동할 수 있는 기력이 생기면 '조금씩 시도'해나가면 됩니다.

아무것도 바꾸지 않으면 아무것도 변하지 않는다

◇◇◇◇◇◇◇

회복탄력성이라는 마음의 유연함과 복원을 연구하는 구제 고지. 그가 쓴 책『회복탄력성 단련하는 법』(원제는 レジリエンスの鍛え方이다)에 따르면 부정적인 감정에 사로잡혔을 때는 운동을 하거나 호흡을 가다듬거나 음악을 듣거나 필기를 하는 게 좋다고 합니다. 부정적인 감정에 사로잡히지 말고, 마음을 들뜨게 만드는 것입니다.

뉴트럴 존을 빠져나오면 이제 변화의 속도가 엄청나게 빨라집니다. 새로운 환경, 목표, 인간관계, 가치관이 찾아오는 거죠. 희망을 느끼는 한편 '정말 괜찮을까?'라는 불안도 스쳐갑니다. 이 과정의 변화는 타인도 알아차릴 수 있을 만큼 눈에 띄기 때문에 지금까지 함께했던 사람들에게는 '이전의 당신과 다르다'고 거부당할 수도 있죠. 그러한 저항을 뛰어넘으면 '뉴 비기닝'(New Beginning)이라는 새로운 지점에 돌입할 수 있습니다.

사람은 이러한 과정을 거쳐 변해갑니다. 현재 자신이 어떤 단계에 들어섰는지, 그곳에서는 무엇을 해야 하는지를 냉정하게 바라볼 수 있다면 변화를 두려워할 필요가 없습니다.

매력이라는 새로운 가치관, 스킬, 습관을 받아들이려면 '사기꾼 증후군'과 '무력감' 같은 오래된 습관을 버려야 합니다. 아무리 나쁜 습관이라도 자신에게는 익숙한 습관이기 때문에 막상 버리고 나면 오히려 기분이 가라앉았거나 짜증이 날 수도 있습니다. 그리고 매력의 스킬은 쉽게 따라 할 수 있는 것도 있지만, 능숙하게 구사하는 데 시간이 걸리는 것도 있습니다.

이 책을 읽자마자 무엇인가가 바뀔 리는 없습니다. 천천히 시간을 들여서 뉴트럴 존을 통과하고, 새로운 습관을 받아들여야 변화할 수 있습니다.

시간이 걸릴지도 모르지만 자신의 장점을 인정하고 죄책감을 갖지 않고 좀 더 매력적인 사람이 되어 원하는 경력과 인생을 그려 나갈 수 있길 바랍니다.

매력으로
세 마리 토끼를 잡아라

여성이여, 야망을 가져라

◇◇◇◇◇◇◇◇

닛케이신문 2017년 3월 13일에 게재된 〈여성이여, 야망을 가져라〉라는 연재 기사에 알파 어소시에이트의 후지하라 미키코 사장의 인터뷰가 실렸습니다. '인생을 신중하게 살자 ― 결혼, 육아, 일, 세 마리 토끼를 쫓다'라는 제목이었습니다. 저는 이 제목을 본 순간 마음이 흔들렸습니다. 무엇 하나 포기할 필요가 없다면서 세 마리 토끼를 쫓고 있는 그녀가 무척이나 매력적으로 보였기 때문이죠.

얼마 전에 20세 여대생들에게 '계속 일하고 싶으냐'고 물어봤습니다. 그랬더니 대부분의 학생이 '힘들 것 같아서 싫다', '일만 하면 결혼을 못 할 것 같으니 열심히 하고 싶지 않다'고 말하더군요. '일을 하고 있으면 왜 결혼을 못 할 거라 생각하냐'고 물어보니 '왠지 그럴 것 같고, 실제로 그런 모습을 미디어에서 자주 본다'고 대답했습니다.

세상에는 다양한 가치관이 존재하고, 가치관에는 정답이 없습니다. 만약 여대생들이 처음부터 스스로 인생을 개척하는 것을 포기하고, 일과 가정을 양립할 수 있다는 사실을 모른 채 살아간다면 너무나 안타까운 일이 아닐까요?

그러나 이것은 결혼도 육아도 일도 양립하기 어려운 사회를 만들어버린 어른들의 책임이기도 합니다. 사회 제도가 미비할 뿐 아니라 모든 것을 양립하면서 즐겁게 살아가고 있는 매력적인 롤모델이 주변에 없기 때문이죠. 또한 학교에서는 지식만 가르쳐줄 뿐 '매력' 스킬을 배울 기회가 없다는 것도 원인입니다. 우직하게 노력하면 인정받는다, 나만 열심히 하면 어떻게든 된다는 생각이 통하던 시대는 이제 끝난 것이나 다름없습니다.

그런데도 여전히 입시 공부와 일방적인 주입식 교육이 계속되고 있죠. 반면에 정작 필요한 교육은 하지 않고 있습니다. 이를테면 어떻게 자신의 매력을 가꿀 것인가, 어떻게 타인과 좋은 관계를 맺을 것인가, 어떻게 스스로 미래를 만들어갈 수 있는 자신감을 키울 것인가에 관한 것들이죠.

또한 특별한 상황이나 사람에게만 매력이 필요하다고 착각하는 분들이 많습니다. 예를 들면 연애할 때나 항상 돋보여야 하는 연예인 같은 경우죠. 그러나 경력을 쌓고, 사업을 하고, 리더를 육성하고, 여성의 활약을 촉진하는 모든 상황에서 매력은 꼭 필요합니다. 매력은 비즈니스의 필수 요소인 셈인데, 우리 사회에는 이러한 인식이 아직 부족하죠.

여성의 활약, 경력, 결혼, 출산, 육아, 파트너십……. 여성들은 이런 말을 들으면 자신감을 잃고 압박감에 시달리는 듯싶습니다. 좀 더 마음 편하게 살 수는 없을까요? 여성이 자신감을 갖고 즐기면서 세 마리 토끼를 쫓기 위해서는 어떻게 해야 할까요? 사회 제도와 구조를 정비하고 남성들이 의식을 바꿔야 합니다. 그러나 이것을 바꾸는 데에는 시간이 걸립니다. 먼저 자신을 바꿔보세요. 지금 이 순간부터 변할 수 있는 것은 나 자신뿐입니다.

매력이 무기다

◇◇◇◇◇◇◇

저는 콤플렉스가 너무나 심했고 폐쇄적인 사회에 갑갑함을 느껴 오로지 그곳에서 벗어날 궁리만 했습니다. 하지만 그 덕분에 나와는 다른 문화와 종교, 가치관과 전통을 가진 다양한 사람들을 만날 수 있었고, 전 세계의 일류라 불리는 사람들에게 자극을 받으며 살아올 수 있었죠.

특히 제가 만난 해외 여성 리더들의 유연한 사고방식은 '매력 이론'의 바탕이 되었습니다. 그들은 경력도 아이도 파트너도 손에 넣었고, 인생을 즐기는 마음과 시간의 여유도 있어서 가뿐히 살아가고 있더군요. 물론 사회 제도와 문화가 다르기는 합니다만, 그것을 뛰어넘어 한 인간으로서 자기 안에 있는 매력을 최대한 활용하고 있었습니다.

매력이 있으면 주변 사람들이 기꺼이 도와줍니다. 할 수 없는 일은 할 수 없다고 확실히 의사 표시를 한다. 그렇게 해도 미움받지는 않는다. 힘든 일이 있어도 약해지지 않고 자신감을 잃어도 금방 다시 되찾는다. 그들은 이러한 매력을 가지고 있었습니다. 어떻게 하면 그렇게 될 수 있을까요?

세 마리 토끼를 쫓을 때 머리카락을 흩날리며 수면 시간을 줄이고 여유와 자신감을 잃어가는 게 아니라 나를 변화시켜 좀 더 효율적이고 즐겁게 경력과 인생을 발전해 나갈 수는 없을까? 다른 사람에게 아부하지 않아도 고립되지 않고 원만한 관계를 맺으며 더 많은 사람들과 서로 도우며 살아가기 위해서는 내가 무엇을 할 수 있을까? 경제적인 배경이나 학력, 환경에 좌우되지 않고 현재의 나를 최대한으로 활용하는 방법은 없을까? 뜬구름 잡는 이상을 늘어놓는 게 아니라 현실적으로 안정되고 좀 더 일상적인 것. 자신과 타인을 소중히 할 수 있는 것. 개인이 활용할 수 있고, 조직에서도 인재 육성을 위해 도입할 수 있는 것. 그러한 것은 없을까? 이렇게 끊임없이 생각하고 연구한 끝에 '매력 자산'이라는 개념에 도달한 것입니다.

매력이란 내면에 있는 아름다움이 겉으로 드러나는 것입니다. 진정으로 빛나는 것이죠. 게다가 그 아름다움은 퇴색되지도 않고, 누가 빼앗을 수도 없습니다. 오히려 나이를 먹을수록 힘이 막강해지고 가치가 올라갑니다.

매력은 누군가에게 칭찬받거나 보여주기 위한 것이 아니라 인생과 사회를 더욱 좋게 만들기 위한 휴먼 스킬입니다.

"당신은 매력적인 사람입니까?"

누군가가 제게 묻는다면 아직 갈 길이 멀다고 답할 듯싶습니다. 그러나 대학과 대학원 진학, 민간 기업과 비영리 단체를 경험한 두 차례의 이직, 두 번째 석사 진학, 창업, 결혼, 병, 출산, 남편의 해외 근무 발령에 따른 독박 육아 등 인생의 다양한 이벤트 속에서 이 '매력'의 개념이 저를 지지해주었습니다. 자신의 약점과 한계를 통감하고, 실패와 좌절을 반복하고, 다른 사람과 비교되면 우울해지기도 하지만 그럴수록 매력적인 사람이 될 가능성이 있습니다. 그렇게 생각하는 것이 희망입니다.

완벽하지 않다는 사실을 받아들이고, 혼자 안간힘을 쓰는 게 아니라 주변 사람들과 함께 발전해나가는 것을, 저 자신도 이제야 배우고 있는 것 같습니다. 그리고 제 경험을 통해서 한 명이라도 더 많은 사람들이 웃을 수 있기를, 어깨에 힘을 빼고 살아갈 수 있는 조직과 사회가 만들어지기를 진심으로 바랍니다.

일도 사람도 내 것으로 만드는 매력 습관 6

"일을 못 하면 성격이 좋든가 성격이 별로면 외모라도 좋든가. 이도 저도 아니면 시키는 거라도 잘하든가…….
도대체 뭐 하나 제대로 하는 게 없어!"

→ 항상 남과 비교하며 상처 주는 말을 쉽게 한다.

"부족해도 괜찮아. 완벽한 사람이 아니라
내가 잘할 수 있는 걸 하면 돼."

→ 타인에게도 자신에게도 관대하다.

매력은 인생의 기술이다

떳떳하다면 기죽지 마라

◇◇◇◇◇◇

'저는 자신감이 없어요.'

'저는 잘하는 것도 좋아하는 일도 없어요. 저한테는 아무것도 없는 것 같아요.'

많은 여성에게 이런 말을 자주 듣습니다. 이것은 자신이 앞으로 어떻게 살아가면 좋을지, 어떤 경력을 쌓아가면 좋을지를 열심히 모색하는 사람들 대다수가 고민하고 있는 점이기도 하죠.

제가 지금까지 만난 훌륭한 경력을 쌓아온 여성들조차 '자신감을 가질 수 없다'고 말하는 경우가 많더군요. 물론 저도 마찬가지입니다. 항상 자신 있게 행동하는 것은 아닙니다. 종종 약해지거나 불안해질 때도 있습니다.

문제는 '자신감이 없다'는 게 아닙니다. 그것보다는 타인과 비교하면서 지나치게 우울해하거나 자신의 장점을 깨닫지 못하는 것이 훨씬 심각한 문제입니다. 자신감이 없어서 소극적으로 행동하고 도전하지 않는 것이 훨씬 더 안타까운 일이 아닐까요?

자신감은 매력으로 얼마든지 보충할 수 있습니다. 당신이 가지고 있는 매력이 무엇인지 찾아보세요. 그다음 타인에게 어필할 수 있도록 갈고닦아보세요. 그러면 어느새 자신감이 생길 것입니다. 자신감이 생기면 어렵다고 생각했던 일에도 도전할 용기가 생깁니다. 설령 실패하더라도 마냥 좌절하지 않습니다. 실패의 경험을 성공의 경험으로 바꿔나가기 때문이죠. 그러면 무엇보다도 사는 게 즐거워집니다.

매력을 갈고닦는 것에 부끄러움이나 거부감을 느낄 수도 있습니다. '이제 와서 무슨 짓을 하는 걸까?'라고 자신을 바꾸는 데 위화감을 느낄지도 모릅니다. 하지만 조금씩 시도하다 보면 차례차례 일이 풀리고, 주변 사람이 기뻐하는 일도 늘어날 겁니다. 그러면 부끄러움은 사라지고, 자신이 원하는 삶의 방식을 선택할 수도 있습니다.

자신의 인생을, 자신을 위해 자유롭게 선택하는 것에 죄책감을 느낄 필요는 없습니다. 부끄러워하지 않아도 됩니다.

이 책을 다 읽었다면 그 순간부터 자기다운 삶의 방식을 마음껏 펼쳐보세요

매력이 긍정을 부른다

매력적인 사람으로 살아간다는 건 어떤 것일까요?

자기다운 삶의 방식을 가지고 감사를 주고받으면서 타인과 관계를 맺고 공감하며 함께 어울려 사는 것입니다. 또한 실패해도 좌절하지 않고 다시 일어나서 씩씩하게 도전하는 것입니다. 제가 그렇게 깨달은 계기는 공부도 일도 제대로 풀리지 않고 병까지 앓은데다 출산에 대한 고민까지 해야 했던 것입니다

당시에는 '나한테는 아무것도 없다', '저 사람은 멋진데 나는 보잘것없다'고 생각하기 일쑤였고, 날마다 울면서 지냈습니다. 여러 가지 일들이 뜻대로 진행되지 않았고 스트레스가 쌓인 탓에 반년 만에 10킬로그램이 빠졌습니다. 그 괴로운 시기에서 저를 구해준 것은 주변에 있던 매력적인 사람들입니다. 약해질 대로 약해진 제게 부드러운 말로 격려해주고, 남다른 존재감과 아우라로 따뜻하게 감싸주면서 제가 활력을 되찾을 때까지 지켜

봐주었습니다.

매력은 더 좋은 인생과 경력, 자신감을 불러올 뿐 아니라 괴로워하는 사람들에게 용기를 주는 힘도 가지고 있다는 걸 깨달았습니다.

보이지 않는 매력의 힘

◇◇◇◇◇◇◇◇

코칭 용어 중에 'Doing', 'Being'이라는 것이 있는데, 이 두 가지는 제가 좋아하는 말입니다.

우리는 '무엇을 할까?'라는 'Doing'으로 그 가치를 측정하는 경향이 있습니다. 사회에서 어떠한 결과를 내는 것은 쉽게 알 수 있기 때문입니다. '영업 실적 1등을 해서 표창을 받았다', '여성 최초로 ○○○가 되었다' 등이 그 대표적 예입니다.

한편 '사람으로서 어떤 존재인가'라는 'Being'도 비슷한 영향력을 가집니다. 'Doing'과 비교하면 숫자로 측정하기 어렵고 시간이 걸리기 때문에 그다지 중요해 보이지 않죠. 하지만 'Being'을 연마하고 매력적인 '나'가 된다는 것은 내 인생과 누군가의 인생을 바꿔나가는 것입니다. 따라서 아주 중요한 일이죠.

제 역할은 'Being'이 되는 '나'를 기점으로, 지금 여기에서 일어날 수 있는 변화의 물결을 만드는 것입니다.

"앞으로 나아가야 할 길을 잃어버렸어요."

"뭐부터 시도해야 나답게 살아갈 수 있을까요?"

이런 고민이 들 때는 이 책의 내용을 떠올려보세요. 참고로 이 책은 여성뿐 아니라 남성도 읽어주길 바라는 마음으로 썼습니다. 매력은 인생을 풍요롭게 만들 수 있는 중요한 요소입니다. 매력적인 남성은 비즈니스에서도 성공한다는 데이터가 많이 나와 있습니다.

'직업을 바꾸고 싶다', '한 번뿐인 인생을 제대로 즐기고 싶다', '새로운 도전을 해보고 싶다'고 느낄 때 매력은 큰 도움이 될 겁니다.

'어떻게 하면 여성이 좀 더 자신감을 갖고 다양한 도전을 할 수 있을까?'

'어떻게 하면 좀 더 활발하게 일할 수 있는 직장을 만들 수 있을까?'

이런 고민을 하고 있는 남성에게 이 책을 추천해주신다면 더할 나위 없이 기쁠 것 같습니다. 직장이나 가정에서 활약하고 있는 여성의 매력을 끌어내고, 더욱 좋은 관계를 구축하는 데 분명 도움이 될 겁니다.

마지막으로 이 책을 함께 만들어준 다이와슈보의 다키자와

지에 씨, 작가 야마구치 사치코 씨, 출판의 계기를 만들어준 주식회사 치카라의 모토키 데쓰조 씨를 비롯해 이 책에 관련된 모든 분들께 감사드립니다. 그리고 저를 지지해준 소중한 친구들, 가장 사랑하는 아들, 떨어져 있어도 응원해주는 남편과 양가 부모님, 할머니에게도 감사의 마음을 전합니다.

2017년 4월

이케하라 마사코

참고 문헌

나딘 스테어, 김혜남 옮김,『인생을 다시 시작할 수 있다면』, 2015, 가나출판사

노무라 준이치, 김미지자 옮김,『색의 비밀』, 2005, 국제

대니얼 해머메시, 안규남 옮김,『미인 경제학』, 2012, 동녘사이언스

올리비아 폭스 카반, 이세진 옮김,『카리스마, 상대를 따뜻하게 사로잡는 힘』, 2013, 갈매나무

캐서린 하킴, 이현주 옮김,『매력 자본』, 2013, 민음사

케티 케이 · 클레어 시프먼, 엄성수 옮김,『나는 오늘부터 나를 믿기로 했다』, 2014, 위너스북

크리스틴 네프, 이시무라 이쿠오(石村郁夫) · 가시무라 마사미(樫村正美) 옮김,『셀프 컴패션(セルフ・コンパッション)』, 2014, 곤고숒판(金剛出版)

패멀라 레드먼드 새트런 · 글래머 편집부, 나루미 미유키(鳴海深雪) 옮김,『모든 여성이 30세까지 알아두고 싶은 30가지(すべての女性が30歳までに知っておきたい30のこと)』, 2012, CCC미디어히ρ스(CCCメディアハウス)

이케하라 마사코 池原真佐子

지금은 누가 봐도 매력이 철철 넘치는 그녀이지만 어린 시절에는 콤플렉스 덩어리였다. 까무잡잡한 피부 때문에 괴롭힘을 당했고, 그 탓에 엄청난 자격지심에 시달렸다. 그러나 대학 시절 배낭 하나 짊어지고 전 세계를 돌아다니며 다양한 문화와 사람을 만나면서 자신이 얼마나 우물 안 개구리로 살았는지를 깨달았다. 그때부터 콤플렉스를 매력으로 바꾸는 데 관심을 갖게 되었다. 또한 폭넓은 인간관계를 맺고, 그들과 함께 성장하고 싶다는 간절함 때문에 와세다 대학 대학원(성인 교육학 전공)에서 공부했다. 그 후 PR 회사와 국제 교육 NPO, 컨설팅 회사에서 일하는 동안 실력보다 매력 있는 사람이 더욱 인정받는다는 사실을 알아차리고, 매력에 대해 연구하게 되었다. 좀 더 체계적으로 공부하기 위해 싱가포르 INSEAD에서 코칭·조직 심리학 석사 학위를 취득했다. 현재는 일하는 여성의 커리어를 지원하는 MANABICIA를 설립하여 대표로 일하고 있으며, 기업의 임원과 경영자를 코칭하는 데도 힘쓰고 있다.

이 책 『매력은 습관이다』(원제: 매력의 정체 魅力の正体)에서 저자는, 잘나가는 사람과 그렇지 못한 사람의 결정적 차이는 외모, 학벌, 능력이 아니라 매력에서 비롯된다고 주장한다. 그리고 현대 사회에서 매력이 하나의 자본으로 기능한다는 점을 강조하며, 상대를 사로잡을 수 있는 매력을 가꾸는 방법을 알기 쉽게 설명한다. 실력이 있는데도 인정받지 못해 괴로워하는 현대인들에게 단비 같은 해결책을 제공해줄 것이다.

이주희

한국외대 일본어과를 졸업한 후 해외의 좋은 책들을 국내에 소개하는 저작권 에이전트로 오랫동안 활동하고 있다. 시간이 허락하는 대로 번역 일에도 발을 담그고 있으며, 일하지 않는 시간에는 주로 서점에 가거나 영화를 본다. 여러 가지 개인 자산 중에서도 지적 자본과 문화 자본을 갈고닦을 때 가장 큰 즐거움을 느끼며, 앞으로는 매력을 습관으로 만드는 데도 힘쓸 생각이다.

옮긴 책으로는 『엄마, 내가 알아서 할게』, 『이런 게 어른일 리 없어』, 『문방구 학습법』, 『SWEET PAPER』 등이 있다.

매력은 습관이다

1판 1쇄 발행 | 2018년 3월 16일
1판 6쇄 발행 | 2022년 1월 23일

지은이 | 이케하라 마사코
옮긴이 | 이주희
발행인 | 김태웅
기획편집 | 박지호
외부기획 | 민혜진
디자인 | design PIN
마케팅 총괄 | 나재승
마케팅 | 서재욱, 김귀찬, 오승수, 조경현, 김성준
온라인 마케팅 | 김철영, 장혜선, 김지식, 최윤선, 변혜경
인터넷 관리 | 김상규
제　작 | 현대순
총　무 | 윤선미, 안서현
관　리 | 김훈희, 이국희, 김승훈, 최국호

발행처 | (주)동양북스
등　록 | 제2014-000055호
주　소 | 서울시 마포구 동교로22길 14 (04030)
구입 문의 | 전화 (02)337-1737 팩스 (02)334-6624
내용 문의 | 전화 (02)337-1739 이메일 dymg98@naver.com

ISBN 979-11-5768-363-5 03190

이 도서의 국립중앙도서관 출판예정도서목록(CIP)은 서지정보유통지원시스템 홈페이지(http://seoji.nl.go.kr)와
국가자료공동목록시스템(http://www.nl.go.kr/kolisnet)에서 이용하실 수 있습니다.
(CIP세어민호.CIP2018006585)